MI CUADRO

Thomas David

LEONARDO DA VINCI
MONA LISA

Lóguez Joven Arte

Diseño de cubierta: Artur Heras
Traducción: L. Rodríguez López

Originally published under the title LEONARDO DA VINCI: MONA LISA
in the series «Mein Bild»
© 1997 by Rowohlt Taschenbuch Verlag GmbH, Reinbek bei Hamburg
© Para España y el español: Lóguez Ediciones 1998
Ctra. de Madrid, 90. Apdo. 1. Tfno. 923 13 85 41
37900 Santa Marta de Tormes (Salamanca)
ISBN: 84-89804-08-7
Depósito Legal: S. 550-1998
Printed in Spain «GARAMOND»
Salamanca, 1998

«Ver lo que uno ve»
Le Corbusier

Este libro es para Elisabeth

El cuadro más famoso del mundo   9

1   LISA DEL GIOCONDO   11
    Más celestial que terrenal   11
    El opulento pueblo   14
    En el anatema del predicador   16
    Girolamo   17
    Hay que traer un cuadro   18

2   LEONARDO DA VINCI   21
    Iglesias flotantes, giradores de asados y
    otros inventos   21
    La barba del filósofo   24
    La hucha vacía   26

3   EL DESCUBRIMIENTO DE LA ANTIGÜEDAD   29
    Correo del pasado   29
    ¡Vamos a Roma!   30
    De dinero y de los Medici   34
    La mirada en la lejanía   37
    Cabezas vueltas   40

4   EL INVENTO DE LA *MONA LISA*   43
    Buena luz con mal tiempo   43
    La divina pintura   46
    Gramófonos y cómicos   48
    La impaciencia es la madre de la necedad   50
    Blanco plomizo y amarillo sulfuroso   52
    La sonrisa del pomelo   53

5   EL NACIMIENTO DEL PINTOR   55
     Desde Vinci a Florencia   55
     ¿Quién es Verrochio?   56
     Monstruo y ángel   59
     Caballos de madera   61
     El *Sfumato*   64

6   LA CORTE DE LOS SFORZA   66
     Cómo Ludovico accedió al poder   66
     El laúd de plata   67
     El baile de los planetas   70
     Guerra y peste   71
     El pequeño diablo y el gran monumento   73
     La Virgen de las Rocas   77

7   EL HOMBRE UNIVERSAL   82
     Clases de anatomía   82
     ojepse ed sotircsE   84
     Intestino de carnero   89
     En el lecho de la muerte   93
     El último secreto   94

8   LA CONQUISTA DEL MUNDO   99
     Criatura divina   99
     ¿Cómo se llega a la India?   101
     El último cuadro   103
     Por encima de los Alpes   110

     EPÍLOGO
     Todavía el cuadro más famoso del mundo   112
     Cronología   116
     Material pictórico   118

El cuadro mas famoso del mundo

La *Mona Lisa* es probablemente el cuadro más famoso
que existe. Por lo menos, en Europa. Naturalmente que
hay también otros cuadros muy famosos. El del bote de
sopa de Andy Warhol, por ejemplo. Pero la *Mona Lisa*
es mucho más famoso.

En una ocasión, fue incluso robado de su sitio en un
museo. Eso sucedió en el verano de 1911 y asustó a
todo el mundo. Cuando desaparece, de pronto, el cuadro más famoso, resulta tan malo como si se perdiera la
ópera más bella o la pirámide más antigua. O el mayor
de los océanos o la montaña más alta. Uno apenas si se

Histórico:
El Louvre en París

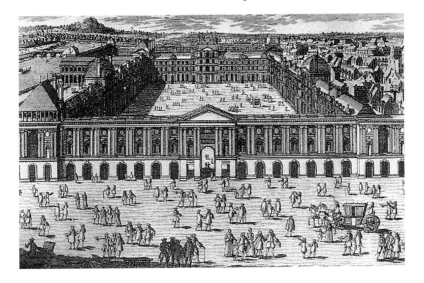

9

lo puede imaginar. Cientos de personas se encontraban desconcertadas delante del Louvre en París. Muchos creían que solamente había sido una broma. Algunos rompieron a llorar porque estaban enamorados de *Mona Lisa* y temían no volver a verla jamás. Otros decían que, por fin, se había terminado con la sonrisa. Pero estos últimos no tuvieron la última palabra.

Sucedió que, dos años más tarde, el ladrón intentó vender el cuadro y fue detenido. Había tenido oculta a la *Mona Lisa* durante todo ese tiempo en su pequeña buhardilla. Sin embargo, ahora le obsesionaba su sonrisa y temía perder la razón.

Cuando, en enero de 1914, fue colgada de nuevo en su antiguo lugar en el museo, cientos de miles de personas querían ver a *Mona Lisa*. Era algo increíble en el Louvre: A través del Salón Carré, donde colgaba la *Mona Lisa*, los visitantes eran aplastados como en una máquina de hacer churros. Todos podían verla. Durante medio minuto.

Algunos de los visitantes se sintieron decepcionados. Se habían imaginado un lienzo más grande. Otros dijeron que les había gustado más una copia que habían visto en el Museo del Prado de Madrid. Suspiraban y se sentían decepcionados. La mayoría, sin embargo, admiró a *Mona Lisa*. Admiraron el brillo de sus ojos, sus párpados algo cansados y su misterioso encanto. Pero lo que más admiraron fue su famosa sonrisa. Pronto pudo verse en todas las reuniones de sociedad. En casi todas porque, en realidad, las elegantes damas tenían aspecto de haber mordido en un limón.

1

LISA DE GIOCONDO

Ya el escritor Giorgio Vasari describió la sonrisa de *Mona Lisa*. Eso sucedió en 1550, en una época en la que casi todo el mundo creía que el Sol giraba alrededor de la Tierra. Hacía treinta años que había muerto Leonardo da Vinci y su famoso cuadro colgaba en el castillo del rey de Francia. Vasari era italiano; en realidad, arquitecto y pintor. Pero sus cuadros y sus edificios apenas si son conocidos hoy por unos pocos especialistas.

Su libro sobre los grandes artistas que había habido hasta entonces en Italia, puede ser comprado todavía hoy en muchos sitios. Vasari cuenta la vida de Leonardo y todo lo que sabía sobre *Mona Lisa*. Más exactamente, todo lo que él había oído sobre *Mona Lisa*. Porque sucede que él mismo jamás llegó a ver el cuadro, lo que se nota en algunas partes de su descripción:

Aquel que quería ver hasta dónde el arte es capaz de imitar a la naturaleza, podía verlo en esta bella cabeza, porque aquí se encuentran las más diminutas particularidades reproducidas de la forma más exacta. Los ojos muestran el húmedo brillo que vemos en las personas vivas, así como las delicadas sombras violeta a su alrededor y las pestañas, que sólo son capaces de reproducir los más finos pinceles.

Las cejas, en las que claramente se reconoce cómo sale cada pelo del poro, primero escasamente y después cada vez más abundante, enmarcando la bóveda del hueso, no podían ser más naturales, tanto como la nariz con los finos puntitos color rosa, que parecen vivir. La boca, con el fino trazado del ángulo, donde el rojo de los labios realza el color carne de las mejillas, no podía ser pintada, sino que tenía que ser de carne y sangre. Si se observa detenidamente el hoyuelo del cuello, se creería verlo pulsar. Resumiendo, se puede decir

que todo está realizado de forma que el artista más aplicado, fuera quien fuera, solamente podría palidecer ante él. En ese rostro, se refleja una sonrisa tan encantadora que más bien parece ser celestial que de naturaleza terrenal y el retrato fue alabado como algo absolutamente maravilloso debido a su filosofía.

Esas cejas, de las que habla Vasari, primero habrá que encontrarlas. No hay ni rastro de esas finas pestañas. Pero incluso si a Vasari le contaron falsas peculiaridades del cuadro o si la propia fuerza de la imaginación pudo con él, la descripción del cuadro por Vasari es, de todas formas, la más antigua que se conoce.

Quizá, cuando Vasari escribió su libro, hacía tiempo que las cejas habían crecido de nuevo. Porque sucede que *Mona Lisa* es un retrato. Y aunque él jamás llegara a ver el cuadro, hoy se cree que Vasari, en sus investigaciones sobre la vida de Leonardo, conoció en Florencia a la verdadera Mona Lisa. Quizá, quién sabe, entre tanto le habían crecido las cejas más agrestes, quizá incluso un fino bigote. Ya no podía quedar mucho del maravilloso aspecto por el que el cuadro era tan admirado. Cuando Vasari la visitara, habrían pasado casi cuarenta años desde que Leonardo la había pintado. Mientras tanto, Madonna Lisa del Giocondo tendría más de sesenta años.

Giorgio Vasari, el «padre de la historia del arte»

Ése era su nombre: Lisa del Giocondo. En el siglo XVI, el que llegara a una edad de sesenta años, podía estar contento. La mayoría de las personas morían mucho más jóvenes. De la peste o de hemorragias, por ejemplo. Pero la Gioconda pasó de los sesenta y vivió, por lo menos, hasta 1551. Sin embargo, uno puede imaginarse que, en la vejez, habría perdido su belleza. Quizá estuviera encorvada, canosa y desdentada. Pero no se sabe nada de ello porque no fue pintada nunca más.

Cuando Lisa llegó al mundo en 1479, la ciudad y su República estaban gobernadas por Lorenzo de Medici. Por entonces, todo el mundo hablaba del sangriento asesinato de su hermano. Fue acuchillado por conspiradores durante una misa en la catedral.

El padre de Lisa se llamaba Antonio Maria Gherardini. Su familia no era ni la mitad de rica que otras familias florentinas. En la ciudad, los Gherardini incluso vivían en una casa de alquiler, aunque eran propietarios de una residencia campestre en las verdes colinas al sur de Florencia. Allí creció Lisa. Su padre no podía saber que su hija llegaría a hacerse mundialmente famosa. Quizá, de lo contrario, habría dejado que la pintaran cuando todavía era una niña. Así, posiblemente, hoy se sabría más sobre ella y no habría necesidad de cavilar y adivinar el aspecto que tendría de niña, si ya entonces su sonrisa era como lo fue más tarde en el cuadro de Leonardo. Pero, entonces, los padres tenían que hacer cosas más importantes que encargar retratos de sus hijos. A no ser que uno fuera duque, ambicionara poder y quisiera demostrar a todo el mundo que tenía una descendiente muy prometedora.

14

Las calles de Florencia a mediados del s. XVI

En aquellos tiempos, la infancia y la juventud eran mucho más cortas que hoy. Pasaban rápidamente y rápidamente eran olvidadas. Lisa Gherardini apenas si tenía dieciséis años cuando se casó. Algo nada inusual en aquel tiempo. Su marido se llamaba Francesco di Bartolomeo del Giocondo. Había estado casado ya dos veces, pero las dos mujeres habían muerto jóvenes. Tenía casi veinte años más que Lisa y procedía de una rica familia de comerciantes florentinos, que se ganaban su dinero con el comercio de seda, y pertenecía al *popolo grasso*,

15

al pueblo opulento. Francesco tuvo que haber amado mucho a Lisa. Quiso tenerla como esposa a pesar de que el viejo Gherardini no podía dar mucho dinero con el ajuar de Lisa. Entonces, la mayoría de los matrimonios se celebraban porque, con ellos, se conseguían fortunas y hacían más ricas y poderosas a las familias.

Las casas del Giocondo estaban a un tiro de piedra del Palacio de los Medici, en el centro de Florencia. Cuando Lisa y Francesco se casaron en la primavera de 1495, hacía tres años que Lorenzo de Medici había muerto y su familia había sido expulsada de Florencia. El rey francés Carlos VIII marchaba con sus tropas a través de Italia. Y en Florencia, un monje de nombre Savonarola se hacía con poder e influencia. Clamaba

Vida en
Florencia

16

fanáticamente obsesionado contra la decadencia de las costumbres en el país, especialmente contra la vanidad, a la que consideraba un pecado. Predicaba contra los cortejos festivos y contra la música, contra las artes y las ciencias y exigía de los ciudadanos una sumisión total ante Dios. Afirmaba que Florencia había sido elegida para ser el Reino de Dios en la Tierra. Por la época de Carnaval, hizo que se quemaran disfraces, máscaras y juegos, muchos libros y cuadros. Algunos pintores estaban tan impresionados por los sermones de Savonarola que dejaron de pintar y murieron deprimidos y pobres.

El fanático
Girolamo Savonarola

Lo mismo le sucedió al propio Savonarola cuando su furor se dirigió, cada vez más abiertamente, también contra el Papa y Alejandro VI lo expulsó de la Iglesia. Fue terriblemente torturado y tuvo que confesar que todas sus profecías habían sido inventadas, que no eran, de ninguna manera, palabras de Dios. Fue colgado el 23 de mayo de 1498 en la Piazza de la Signoria y su cuerpo fue convertido en cenizas. Lo contemplaron miles de florentinos. Pero no se sabe si, entre ellos, se encontraba también Francesco del Giocondo o quizá su mujer. Pero, aunque ese día Lisa hubiera estado

sentada delante de su costurero, le llamaría la atención la negra columna de humo, que ascendía de la pira crematoria al claro cielo de Florencia. Las cenizas de Savonarola fueron esparcidas en el río.

HAY QUE TRAER UN CUADRO

Entre tanto, Lisa había tenido un primer hijo y estaba nuevamente embarazada. Los negocios de Francesco marchaban bien, el comercio de tejidos florecía en toda Florencia. Todos querían tener ropa a la última moda española y la seda contaba entre los más valiosos y codiciados tejidos.

Pero la recién nacida hija de Lisa murió. Fue un dolor terrible. En ocasiones, también morían las madres, algunas de aflicción. Muchas morían porque entonces el parto era más peligroso que hoy. Se presentaba fiebre alta de repente, las matronas desconocían el origen

18

porque apenas si estaba investigado el cuerpo humano. En realidad, no se les permitía la entrada a los médicos ni a ningún hombre en la habitación de la parturienta. Eso era así en toda Europa. En Alemania, todavía en 1522, un médico fue ejecutado porque se había introducido en un parto vestido de mujer. Solamente había querido estudiar el misterioso acontecimiento y, quizá, poder ayudar. Ya Francesco del Giocondo había perdido una mujer en el puerperio. Estaba lleno de preocupación por Lisa cuando murió su hija. Pero Lisa se recuperó y, desde entonces, visitaba con frecuencia la iglesia de Santa Maria Novella, donde había sido enterrada su hija.

izda.:
23 de Mayo de 1498: La ejecución del predicador

Y comenzó el nuevo siglo. Los ciudadanos de Florencia encargaron al joven pintor y escultor Miguel Angel la estatua en mármol de David, que había vencido a Goliat. David debía representar el nuevo símbolo de la República y mostrar que Florencia era, ciertamente, pequeña como David, pero dispuesta a enfrentarse a cualquier gigante. Eso pensaba el Consejo de la Ciudad, ya que el sucesor del rey francés Carlos había conquistado el ducado de Milán y, junto al español Fernando de Aragón, también el reino de Nápoles. Parecía que tampoco Florencia estaba segura. Con la estatua de Miguel Angel, los ciudadanos de Florencia se daban valor a sí mismos ante cualquier peligro. En definitiva, nadie en toda Florencia se encontraba con más frecuencia con la decidida mirada de David que ellos mismos.

Antes de que la estatua fuera colocada delante del Palazzo de la Signoria, Lisa tuvo su tercer hijo.

El David de Miguel Angel

Fue entrado el año 1502 y a Lisa y a Francesco se les encogió el corazón porque pensaron en su hija muerta. Pero esta vez todo fue bien. El niño estaba sano y Lisa recuperó fuerzas rápidamente, lo que alegró tanto a Francesco que se decidió a comprar una nueva casa y formar, junto con su mujer y ambos hijos, una nueva residencia. Y también quería encargar un retrato de su mujer. Lisa debía ser pintada y el cuadro debía ocupar un lugar de honor en su nueva casa. Todos podrían ver cuánto amaba a su mujer y lo agradecido que estaba de que le hubiera dado dos hijos. Francesco del Giocondo fue un gran hombre. Pero nadie sabe hoy qué aspecto tenía.

2

LEONARDO DA VINCI

Uno podía haberse encontrado con Leonardo da Vinci el 4 de marzo de 1503. Aquel que estuviera en Florencia solamente habría tenido que esperar delante del Hospital de Santa Maria Nuova, donde tenía su cuenta bancaria. Esperar y pasarse unas horas sentado, observando el ajetreo en las calles. Quizá ese día hubiera mercado. La fragancia del pan reciente flotaría en el aire o el olor de un cerdo sacrificado al amanecer. Habrían llegado los vendedores ambulantes con sus asnos y los veleros venderían sus velas. Aquí y allá cubas de vino y enfrente se rodaba un queso. Quizá en ese momento, los ladrones de pelo afeitaban el cabello a una chica detrás de un paño extendido. Sucedía que las trenzas falsas estaban de moda. También se encontraban verdaderas tiendas en las calles. Lecherías o zapaterías, por ejemplo, y auténticas tiendas de moda, que vendían seda o lino de Francia y terciopelo. También había una taberna en casi todas las calles. Por todas partes, se encontraba gente hablando sabe Dios de qué. Quizá supieran que Leonardo estaba de nuevo en la ciudad. Entonces, seguro que hablarían de él. Quizá ya habrían oído de su disparatada ocurrencia de levantar el Baptisterio y se reirían de él a sus espaldas. El Baptisterio era uno de los monumentos más bellos de la ciudad. Pero, desde que Filippo Brunelleschi había

IGLESIAS FLOTANTES, GIRADORES DE ASADOS Y OTROS INVENTOS

21

colocado la gigantesca cúpula de la vecina catedral, la pequeña iglesia bautismal parecía un miserable grano pegado al suelo y había perdido mucho de su majestuosidad. La idea de Leonardo era levantar en el aire todo el Baptisterio con ayuda de poleas, impulsadas por la fuerza hidráulica. Después quería construir

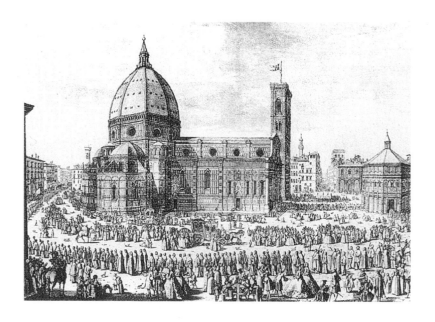

debajo unos nuevos cimientos de altas escalinatas y arcos. Los ciudadanos florentinos, sin embargo, encontraban extrañas esas ideas y creían que el Baptisterio se derrumbaría. Por eso, la idea no salió adelante. El Baptisterio sigue estando hoy a la sombra de la catedral y raramente ve el sol.

La plaza de la Catedral en Florencia, a la derecha el Baptisterio

En aquella época, los pobres de espíritu movían la cabeza sin comprender las ideas de Leonardo. Pero eso le sucede a todo aquel que se adelanta a su tiempo.

Quizá precisamente por eso, aquel 4 de marzo, Leonardo tuvo que echar mano de su cuenta bancaria, porque, de nuevo, la ingenua mayoría no comprendía nada y dejaba que se echaran a perder los proyectos más atrevidos. Pero, ¿qué se podía hacer, por ejemplo, con un girador de asados automático que Leonardo

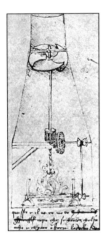

había inventado? ¿Es que entonces las amas de casa o los cocineros ya no tendrían nada que hacer? En definitiva, su trabajo consistía en conseguir que cualquier asado estuviera tierno y tostadito. Y seguro que una máquina no lo conseguiría.

Así que Leonardo tenía algunos problemas de dinero. Y si uno se encontraba aquel día en Florencia y quizá lo había esperado durante tres horas delante de Santa Maria Nuova y se sentía mareado del ajetreo callejero y de los chismorreos de la gente, y ya estaba dispuesto a marcharse, porque quizá la fecha no era la correcta, entonces finalmente apareció él.

La Barba del Filósofo

Se le podía reconocer inmediatamente. Entonces, la mayoría de la gente llevaba, sobre sus estrechos pantalones, largos mantones, con los que casi se tropezaban al andar, por lo que uno de los brazos iba siempre envuelto en el paño. Leonardo no soportaba esa moda y llevaba un mantón corto, de color rosa y bastante llamativo, que le llegaba hasta la rodilla. Su pelo caía largo hasta los hombros y la barba le llegaba hasta la mitad del pecho. Esto era más llamativo que su ropa. Muchos hombres en Florencia, hacía tiempo que se habían afeitado la barba o, desde lejos, solamente parecía como si tuvieran una sombra en la cara, en este caso tenían una barba corta. La barba de Leonardo era reconocible desde cualquier distancia. Poblada, tan blanca como rizosa, lo mismo que su pelo. Nada hirsuta ni enmarañada como la piel de

24

Leonardo de perfil: Uno de los dos retratos conservados

un viejo perro, sino siempre perfectamente ordenada y peinada. Leonardo dedicaba mucho esfuerzo y cuidado a su aspecto.

Si ahora alguien piensa en la imagen de Papá Noel, no sabe nada y debería decir primero quién es éste con setenta años: En el siglo XVI, cuando se veía a Leonardo se pensaba en los profetas bíblicos, en magos o en hombres importantes de la Antigüedad, como por ejemplo Homero, el poeta griego que vivió en el siglo VII antes de Cristo. O en los famosos filósofos Aristóteles y Platón, los «maestros de lo divino». En tiempos de Leonardo, la gente también se imaginaba a Aristóteles y a Platón con esas barbas. Naturalmente que había mucha gente que jamás había oído hablar de ellos y que consideraba el aspecto de Leonardo tan extravagante como sus ideas. Pero el que fuera inteligente y leído, el que conociera los pensamientos de los grandes filósofos de la Antigüedad, ése comparaba a Leonardo con ellos. No sólo por la barba, sino porque era sabio y disponía de tantos conocimientos. Seguro que a Leonardo eso le parecía bien porque, de lo contrario, se hubiera afeitado la barba.

LA HUCHA VACÍA

Entonces, en Florencia, Leonardo tenía cincuenta y un años y terminaba de regresar del Norte de Italia, donde había trabajado redactando mapas e inspeccionando fortalezas durante un año como arquitecto jefe e ingeniero para el temido príncipe César Borgia. Pero o bien no había recibido salario alguno o se había gastado inmediatamente el dinero, algo que a Leonardo le gustaba hacer. Con frecuencia, vivía con criado y caballo, por encima de sus posibilidades o hacía que su alumno Salai se vistiera con ropas caras. Menos mal que todavía disponía de unos cuantos florines de oro. Ya su abuelo y su padre habían tenido una cuenta en Santa Maria Nuova. Así pues, era a primeros de marzo y Leonardo fue a buscar cincuenta florines de oro. En total, cuatro veces en ese año de

Sobre el vuelo
de los pájaros

1503. Como si no tuviera ingresos, lo que era cierto. En
esa época, Leonardo había inventado un aparato para
nadar bajo el agua y para observar a los pájaros, con el
fin de descubrir cómo podrían volar las personas.

Pero Leonardo no era ningún soñador. Mientras podía
permitírselo, rechazaba todos los encargos, incluso no
había querido pintar a la mujer del Conde del Mercado
de Mantua, porque estaba totalmente dedicado a sus
investigaciones matemáticas. La Condesa, la mujer
más famosa de entonces, le habría pagado bien.

Ahora, sin embargo, los tiempos eran otros. Era primavera en Florencia y el rival más joven de Leonardo, Miguel Angel, estaba a punto de terminar la triunfal estatua de David, que le habían encargado los ciudadanos de Florencia. Seguro que a Leonardo le vino bien que se le encargara entonces un gran retrato al óleo. Se aseguró de disponer de una bonita plancha de madera sobre la que poder pintar y encargó un gramófono.

Y entonces llegó Lisa del Giocondo.

3

El Descubrimiento
de la Antigüedad

Por aquel entonces, Italia y pronto parte de Europa, estaban fuera de sí de admiración por la Antigüedad. Todo el mundo viajaba a Roma y admiraba aquello que había sobrevivido a la Edad Media, de la que en Italia no se quería saber nada ahora. Escritores y sabios estudiaban con gran entusiasmo a los autores romanos como Virgilio y Cicerón y descubrían un nuevo entusiasmo por el viejo latín. Aprendieron griego, se ocuparon de la gramática, del arte de la oratoria, de la historia y pensaban mucho sobre el sentido del hombre en el mundo. Ya entonces a esos sabios se les llamaba «humanistas». Uno de los primeros y más conocidos fue Francesco Petrarca, al que hasta hoy se le llama el «padre del Humanismo». En su «Carta a la posteridad» escribió:

CORREO DEL PASADO

De una forma muy personal, llevé a cabo el estudio de la Antigüedad, porque me disgustaba tanto mi propia época -si no hubiera sido por el amor

29

a mis seres queridos- que habría deseado haber nacido en cualquier otra; para olvidar el presente, yo buscaba, en espíritu, transladarme a otros tiempos.

Gótico

A la Edad Media se la consideraba como barbarie. Todo lo que había conseguido aportar en casi mil años, parecía, de alguna forma, que había crecido bajo la influencia de otros pueblos y culturas. Los bizantinos, por ejemplo, y los lombardos, los carolingios o los *staufer*: Todos ellos habían traído a Italia, después de la desaparición del Imperio Romano, su propia cultura y sus propias tradiciones. Pero el verdadero arte italiano no eran las achatadas figuras del estilo bizantino oriental, que parecían estar pegadas sobre una lámina de oro. Tampoco el gótico, que vino de Francia y que tanto alargaba todas las figuras pintadas o cinceladas, como si se tratara de una masa de pan. En sus largas, plisadas vestimentas, parecía como si, en la vida real, el más leve viento pudiera llevárselas por delante.

¡VAMOS A ROMA!

Pero en Roma, todavía se encontraban el Coliseo y el Teatro di Marcello. Habían aguardado pacientemente la Edad Media. En el Campo de Marte, había sido erigido el Panteón, una de las maravillas de la ciudad de los tiempos romanos. La cúpula de ese templo era como la bóveda del cielo. Ahora, todos los arquitectos se subían en cajas y escaleras y medían cualquier insignificancia, según todas las reglas del arte mate-

Bizantino

mático: Cada columna, cada frontispicio, cada arco. En el futuro, los constructores solamente querrían construir iglesias que fueran tan bellas como el antiguo Panteón, lleno de gracia y armonía, y que, de la misma forma, correspondieran a las proporciones humanas. Ésa era la llave para todos los templos y palacios que tanto se admiraba: Todos ellos habían sido construidos, en sus particularidades, según el ejemplo del cuerpo humano. Todas las extremidades se encontraban aquí en una armónica relación. A no ser que se tuvieran brazos que llegaran hasta el suelo y se fuera tan alto y delgado como una catedral gótica. Sin embargo, entonces como ahora, raramente se

31

El pequeño
templo de
Bramante, 1502

encontraba a una persona sin barriga ni un abultado trasero. Y ya entonces había hombres con hombros caídos. Así pues, descubrían entusiasmados las grandiosas figuras de la Antigüedad. Por su belleza, gracia y perfección, se convirtieron en el nuevo ideal de hombre para todo el mundo. En una viña, por ejemplo, se encontró, en una estancia secreta bajo tierra, una figura de Laoconte en mármol de casi tres metros de altura, luchando junto a sus dos hijos contra dos gigantescas serpientes. Las serpientes son como man-

32

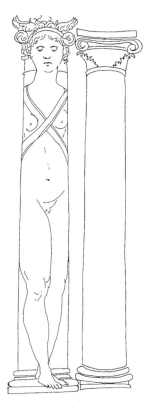

gueras de agua repletas, que se han vuelto furiosas, y a Laoconte, del esfuerzo, casi se le revientan los músculos. Esta figura fascinaba a la gente casi tanto como el «Apolo de Belvedere», que databa aproximadamente del año 130. Era tan famoso y fue tan admirado que el mismo Papa quiso tenerlo en su colección de arte. Todo escultor que se preciara, creaba solamente figuras de estilo clásico. El David de Miguel Angel es una de las más hermosas. Otra de sus figuras era una imitación tan perfecta que, más tarde, se creyó que tenía

iqda.: El Apolo de Belvedere
drcha.: Estudio de proporciones para una columna

mil años de antigüedad y que procedía verdaderamente de la época romana.

Como quiera que entonces se esforzaban en la vuelta de la cultura antigua, esa época se ha llamado hasta hoy «Renacimiento».

De Dinero y de los Medici

En las ciudades de Italia, ahora aparecían edificios según los ejemplos y las reglas clásicas. Por todas partes, en plazas y jardines, se colocaban nuevas estatuas «antiguas». Solamente en Florencia, entre 1450 y 1470, fueron construidos no menos de treinta palacios en el nuevo estilo. El arquitecto y sabio León Battista Alberti escribió al respecto:

¿Pero qué es esto que hace que toda Italia compita en la renovación? ¡Cuántas casas tenían solamente vigas allí donde hoy hay mármol!

El mismo Alberti construyó por entonces el palacio para el rico comerciante Giovanni Rucellai. Y ya en 1444, el arquitecto Michelozzo había comenzado con la construcción del palacio para Cosimo de Medici, para lo que tuvieron que ser derribadas no menos de veintidós casas y se tardaría veinte años hasta que el palacio de los Medici estuvo terminado. Sería el mayor palacio de la ciudad. Todo viajero que visitara Florencia y todos los florentinos, podían ver a simple vista que los Medici eran la familia más rica y poderosa de Florencia, así de grande e impresionante era su palacio.

Pontormo:
Cosimo de Medici

Un largo banco se encontraba delante de la fachada.
Aquel que tuviera que resolver asuntos de dinero con
los Medici tenía que esperar allí hasta que algún miem-
bro de la familia lo recibiera. Sucedía que los Medici
tenían una de las casas financieras más poderosas del
mundo. Tenían sucursales en toda Europa y hacían
mucho dinero con letras de cambio y créditos. Cosimo
de Medici, que moriría antes de que su nuevo palacio

35

estuviera terminado, reinaba sobre toda Florencia, como los príncipes o duques en otras ciudades. Aunque, naturalmente, él estaba interesado, sobre todo, en sus propios beneficios. Esto es así en todos aquellos hombres que triunfan. Sin embargo, a todo aquel que se interponía en su camino o se volvía demasiado poderoso, lo excluía de todo cargo público o lo enviaba al exilio. Para los hombres de estado, ése fue siempre el camino más fácil de quitarse de encima al adversario.

Aun así, los Medici eran queridos por el pueblo. Como tenían tanto poder, cuidaban de la seguridad y, como eran tan ricos, disponían de los mejores contactos comerciales en toda Europa, por lo que traían mucho dinero a la ciudad y activaban la economía, de lo que también se beneficiaban los pequeños comerciantes.

Cosimo era, al mismo tiempo, un gran impulsor de las artes y coleccionaba valiosas ediciones manuscritas de autores clásicos. Apoyaba a la «Academia Platónica», en la que investigaban y analizaban reflexiones filosóficas las cabezas más inteligentes del país. Mandó construir ermitas y tres iglesias e hizo encargos a los mejores escultores y pintores de su tiempo. Por ejemplo, a Donatello y a Ghiberti. O a Paolo Uccello, que pintó para Cosimo de Medici, en el año 1435, el famoso cuadro *Batalla de San Romano*. El hijo de Cosimo se llamaba Piero y su nieto fue Lorenzo, «el Magnífico». Todos ellos fueron grandes coleccionistas de arte y mecenas de las artes.

En el Renacimiento, la nobleza y la Iglesia ya no eran los mejores clientes de los artistas. Eso había sido así en la Edad Media y, unas cosas con otras, lo que se había hecho era, sobre todo, arte religioso. Como, por ejemplo, la *Adoración de los tres Reyes Magos* o la representación de un apóstol o de una virgen o una catedral, como la de Milán. Pero ahora también los ricos fabricantes de tejidos o comerciantes y banqueros encargaban cada vez más obras de arte. Así sucedía con los Medici en Florencia. Aunque esos ciudadanos ricos también seguían encargando vírgenes y altares. Con ello, se daba gracias a Dios por la riqueza que disfrutaban o, incluso, como penitencia, porque el que podía pagarse muchos cuadros de santos, era considerado, además, devoto, honrado y se le veía como hombre de bien.

Botticelli:
El nacimiento de
Venus

La adoración
del Niño,
de Domenico
Ghirlandaio

En definitiva, también la pintura de la Antigüedad se había puesto de moda. Así, más de uno quería poseer la reproducción de una escena de la mitología romana. O se encargaban reproducciones de los filósofos griegos. Las figuras en los cuadros, todo en ellos, debían parecerse absolutamente a la realidad. Esto es, como verdaderas personas y verdaderos paisajes o como auténticas casas. No tan planas y estilizadas como antes, sin sensación de adelante y atrás; para lo que pintores como Masaccio y Uccello, y más tarde todos los que se consideraran artistas, utilizaban la llamada

Ghirlandaio:
Retrato de viejo
con niño

«perspectiva». Esto tiene que ver menos con la pintura que con las matemáticas. Sin embargo, la perspectiva fue el mayor descubrimiento desde el del color rojo, ya que con la perspectiva, de pronto, muchos cuadros ya no parecían planos y artificiales, sino más bien una ventana abierta. Ahora, ante determinados cuadros, uno tenía la sensación de poder ver, detrás de las figuras en primer plano, cuarenta kilómetros a lo lejos en el paisaje. Mucho más lejos de lo que uno podía caminar en un día. Si ahora se pintaba fielmente una figura según las leyes de la perspectiva y se le concedía, a través de la luz y de las sombras, mayor corporeidad, entonces esa figura parecía de carne y hueso o, por lo menos, como una estatua esculpida y policromada. Y, por primera vez en la historia del arte, en el Renacimiento, se podían pintar, por ejemplo, narices tan gruesas, averrugadas y redondas como una patata; ya que en la Edad Media, todo el mundo en los cuadros había tenido narices lisas y esto no daba la impresión de auténtico.

CABEZAS VUELTAS

Ahora los retratos pintados se hicieron todavía más populares de lo que ya eran entre los ciudadanos de Florencia y Milán. Por lo general, hasta ahora, se habían pintado retratos de perfil. Como el de la página siguiente. Esto también tiene que ver con la Antigüedad, como puede reconocer inmediatamente cualquiera. La mujer tiene un aspecto como si el pintor la hubiera copiado de una moneda antigua, como sobre las que los romanos habían reproducido a sus emperadores. También exactamente desde esa perspectiva, desde un lado. Ahora, sin embargo, cada vez más personas eran pintadas también de frente. En primer lugar, porque, desde el descubrimiento de la perspectiva, se sabía cómo había que pintar narices. Pero, sobre todo, porque toda cara es más interesante de frente. De perfil resulta casi tan aburrida como desde atrás. A no ser que alguien tenga orejas como hojas de lechuga. Y los retratos desde la nuca, aparecen en el siglo XVIII. Contemplados de frente, se puede ver en cualquier cara hasta las emociones más sutiles: la admiración, por ejemplo, o las dudas o el placer. Sin embargo, resulta difícil pintar esto, mucho más

De perfil: Retrato
de una mujer en
amarillo, de
Baldovinetti,
hacia 1465

difícil que un retrato exacto de perfil. Pero, qué se
puede hacer si uno es pintor y los demás dominan
bien las nuevas maneras y ganan mucho dinero con
sus retratos.

Leonardo no pintó casi ninguna figura de perfil. Eso
era anticuado y seguramente también aburrido. Por
eso, ya hizo el retrato de la hija de su amigo Amerigo
de Benci con la cara ligeramente vuelta. Entonces

41

Leonardo:
Ginevra de Benci

Leonardo tenía veintitrés años y fue su primer retrato.
Naturalmente, no se sabe si Lisa del Giocondo llegaría
a ver este cuadro. Sin embargo, cuando ella visitó por
primera vez a Leonardo en su estudio, en la primavera
de 1503, de algo estaba segura: De ninguna manera,
Leonardo debería pintarla con la comisura de los labios
hacia abajo, malhumorada o con los ojos tristes.
Pero, de todas formas, era algo que Leonardo no se
proponía hacer.

4
EL INVENTO
DE LA «MONA LISA»

Leonardo tenía una ventana que podía subir y bajar con ayuda de un pequeño sistema de poleas. El motivo era que lo que estaba reproduciendo quería terminarlo cerca de la ventana. También tenía una caja en la que podía izar y bajar su trabajo enrollado, con el fin de que el cuadro, que contemplaba en ese momento, pudiera ser movido hacia arriba y hacia abajo sin tener que hacerlo él. La caja se deslizaba por el piso y en la estancia bajo el estudio. Y cada noche, Leonardo bajaba su trabajo y lo cerraba desde arriba. Entonces se convertía en un arcón y podía servirle de banco para sentarse. Porque sucedía que el estudio de Leonardo era bastan-

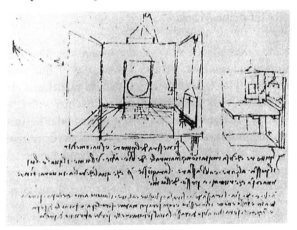

Taller de Leonardo

te pequeño. En las pequeñas habitaciones o dependencias, el espíritu se concentra y en las grandes, se dispersa. Eso lo dijo el mismo Leonardo. También pintaba retratos en el patio interior de la casa, que podía cubrir con una lona. Así conseguía una buena luz. O por la noche o cuando el tiempo era malo.

Cuando anochece, mira en la calle a tu alrededor y contempla las caras de los hombres y de las mujeres, y, aunque el tiempo es malo, lo graciosas y suaves que son. Tú, pintor, te has preparado un patio interior, con los muros pintados de negro y un tejado sobresaliendo ligeramente del muro, que debe tener diez varas de ancho, veinte de largo y diez de alto y, cuando brilla el sol, cúbrelo con una lona o pinta al atardecer cuando está nublado o nebuloso, ésa es la atmósfera perfecta.

Así que, con el tiempo, Lisa del Giocondo se sentaría aquí y allá y, con frecuencia, tendría que bajar las escaleras del estudio al patio interior. Y después, ciertamente, subirlas de nuevo. Seguro que dejarse pintar no sólo era placer. Y precisamente Leonardo era conocido porque trabajaba muy lentamente. En una ocasión, alguien incluso se quejó de él porque se había pasado medio día delante de un cuadro sin terminar y no dio una sola pincelada. Leonardo tuvo que justificarse ante su cliente:

Le explicó la esencia del arte y le hizo comprensible que los espíritus superiores conseguían más cuanto menos parecían

trabajar, precisamente cuando concebían mentalmente su obra y se hacían una idea exacta sobre ella, de forma que después las manos solamente tuvieran que reproducir y ejecutar aquello que conceptualmente ya estaba terminado.

Incompleto: La Adoración de los Reyes

Pero no todos podían comprender esto. También hoy, la mayoría de la gente cree que uno está adormecido si no se pasa todo el día de un lado para otro y levanta mucho revuelo. Aunque a Leonardo también le suce-

drcha.:
Toda clase de
artistas y artesanos,
pintores, escultores,
orfebres

día que no terminara un trabajo. O bien se ponía a temblar cuando estaba pintando, porque comprobaba errores en cosas que a otros les parecían maravillosas. O de pronto le aburría la fatigosa ejecución de una idea porque él mismo ya sabía hasta el más mínimo detalle. El trabajo ya no ocultaba ningún conocimiento o sorpresa. Entonces, pasaba los trabajos atrasados a sus alumnos o los abandonaba sin más y se dedicaba a ideas totalmente nuevas. En una ocasión, llegó incluso a enfadar al mismo Papa, que dijo sobre Leonardo:

Lamentablemente, esa persona no va a ser nada; antes de empezar a hacer un trabajo, ya está pensando en su final.

LA DIVINA PINTURA

Pero todo esto sólo demuestra lo importante que era, para Leonardo, la idea y el pensamiento en su pintura. La mayoría de los pintores del Renacimiento eran considerados todavía como artesanos y apenas si se les consideraba más que a un zapatero remendón. Lo mismo que los tejedores o los que hacían espadas o arneses, así la pintura también pertenecía a las «artes manuales». Muchos pintores hacían, a la vez, trabajos de filigrana de oro o decoraban el cuero a los talabarteros. Los mejor situados miraban despectivamente hacia ellos porque se manchaban las manos al trabajar y, con frecuencia, llevaban la ropa sucia. Entonces, al contrario que hoy, nunca se había oído que un pintor hubiera sido un «genio».

46

MERCVRIO E PIANETO MASCHVLINO POSTO NELSECONDO CIELO ET SECHO MAPERCHE LA
SVA SICITA EMOLTO PASSIVA LVI EFREDO CONQVEGLI SENGNI CHSONO FREDDI EVMIDO COG
LI VMIDI E LOQVENTE INGENGNIOSO AMA LESCIENCIE MATEMATICA ESTVDIA NELLE DIVI
NASIONE A ILCORPO GRACILE COE SCHIETTO ELERI SO TTILISTATVRA CHONPIVTA DE
METALLI ALARGIENTO VIVO ELDI SVO E MERCOLEDI COLLA PRIMA ORA P IS SZZ
LANOTTE SVA EDELDI DELLA DOMENICHA APERAMICO IISOLE PER NIMICO AVENE
RE LASVA VITAOVERO ESALTATIONE EVIRGO LASV MORTE OVERO NVMILIASIONE
E PISCE HA HABITASIONE GEMNI DI DI VIRGO DINOTTE VA E IS SENGNI IN 18
DI COMINCIANDO DA VIRGO IN ZO DI E Z ORE VA VN S.FNGNO

Como todos los artesanos, el pintor tenía que pertenecer a un gremio. Éste determinaba sobre la formación del aprendiz y sobre el precio que se permitía pedir por un cuadro. Los gremios eran una institución de la Edad Media. Pero Leonardo ya no se veía como artesano. A sus ojos, la pintura era una ciencia y pertenecía a las llamadas «artes libres», como la literatura y la formación clásica, que eran impartidas por los humanistas. Así escribió en sus escritos:

La divina ciencia de la pintura trata de todas las obras, tanto de las humanas como de las divinas, que están limitadas por superficies, esto es, por las líneas del contorno del cuerpo; con lo que prescribe al escultor la perfección de sus estatuas. Con su principio fundamental, el dibujo, enseña al arquitecto a conseguir un edificio agradable a la vista; (...) ella ha inventado los signos con los que uno se puede expresar en los distintos idiomas; a los aritméticos, les ha dado las cifras; a la geometría, le ha dado las figuras; ella instruye a los ópticos, a los astrónomos, a los constructores de máquinas y a los ingenieros.

GRAMÓFONOS Y CÓMICOS

El que podía ver, vio inmediatamente que Leonardo era un artista. Su barba igualaba a la de Aristóteles. Cuando pintó el retrato de Lisa del Giocondo, el taller de Leonardo se encontraba ordenado y limpio como una sala de estudio. De la pared, colgaban bellos cuadros y Leonardo estaba sentado, con la máxima comodidad, delante de su obra. Vestía finas y elegantes ropas y movía los pinceles, ligeros como plumas, con los espléndidos colores. El gramófono, que había encargado, tocaba una animada melodía. Quizá, alternando con la música, el alumno de Leonardo, Salai, leía en voz alta algún libro. En ocasiones, venían cómicos, que se ocupaban de la diversión. Por la ventana, caía la primera luz del anochecer y ponía un tierno velo en la cara de Lisa. Ella estaba sentada en una silla, con el brazo derecho descansando sobre el apoyabrazos. Contemplaba cómo pintaba Leonardo. Había puesto su mano derecha sobre la izquierda. Se mantenía erguida y relajada, como era natural en la mujer de un rico comerciante florentino. Sus ropas eran dis-

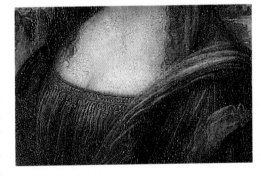

cretas, casi sencillas a primera vista; pero en las mangas brillaba el terciopelo color mostaza y la túnica era de valiosa seda. Francesco había pedido que la vistieran con sus prendas más preciadas. Sus cejas estaban afeitadas, así era la moda y no llevaba ninguna joya. Quizá en alguna ocasión habría ido al estudio de Leonardo con un anillo en el dedo o con una fina cadena de oro. Pero, probablemente, entonces él habría fruncido el ceño y Lisa se habría quitado el adorno. Llevaba sobre el pelo, como todas las mujeres casadas, un velo oscuro que caía suavemente por sus hombros y llegaba hasta el regazo. Lisa tenía veinticuatro años.

LA IMPACIENCIA ES LA MADRE DE LA NECEDAD

Es decir, tenía veinticuatro años cuando Leonardo comenzó su retrato. Quizá ahora fueran veinticinco o veintiocho. Ciertamente, Leonardo no pintó su cuadro más rápido que sus otros cuadros. Probablemente, no se diera ninguna prisa.

La impaciencia es la madre de la necedad. Además, él tenía que preocuparse también de otras cosas. Poco después de haber comenzado el cuadro, hizo planos para la Signoria de Florencia para desviar el cauce del río Arno. Con ello, se quería cortar a la enemiga ciudad de Pisa la salida al puerto; de esta forma, sería asfixiada por el hambre y conquistada. Pero eso se quedó en nada. Por esas mismas fechas, terminó sus investigaciones sobre el vuelo de los pájaros y redactó un tratado de cuatro partes sobre los mismos. En la primera, trataba del vuelo por batimiento de alas; en la segunda, del vuelo sin batimiento de alas, aprovechando el viento; en la tercera, del vuelo corriente de los murciélagos,

Éste es el helicóptero de Leonardo. En la pág. siguiente: su paracaídas

50

peces e insectos; en la cuarta, del vuelo mecánico. Además, había recibido el encargo del gobierno para un gran mural destinado a la gran sala del palacio de gobierno. El cuadro debería representar la batalla de Anghiari, en la que Florencia había vencido a Milán en el año 1440. Debería tener veinte metros de largo y cuatro de alto. Heroico y brutal. A pesar de que en esa batalla solamente perdió la vida un hombre (y porque se cayó del caballo, lo que era

demasiado poco para un cuadro), Leonardo hizo un proyecto, compró yeso, aceite de linaza, pez griega, aceite de coco, cera y albayalde de Alejandría y espon-

Copia de un artista desconocido según la Batalla de Anghiari de Leonardo

jas de Venecia. Eso sí, experimentó en el tratamiento de la pared utilizando una antigua receta romana. Finalmente, como las pinturas no terminaban de secar y se corrían los colores, Leonardo lo abandonó. Eso sucedió ya en el invierno de 1505. Sin embargo, continuaba trabajando en el retrato de Lisa del Giocondo.

BLANCO
PLOMIZO Y
AMARILLO
SULFUROSO

Efectivamente, estuvo ocupado con el cuadro más de tres años. A cualquiera se le habrían quitado las ganas de sonreír, pero no a Lisa. Quizá presentía que Leonardo estaba haciendo un cuadro especial suyo. Incluso si la pintaba con sus carnosos hombros y su lacio pelo. No tan esbelta y delicada como, seguro, ella habría preferido, o con un peinado moderno. Quizá Leonardo la entretendría con las historias de la entonces espléndida corte de Ludovico Sforza, duque de Milán, que ahora vivía en cautiverio francés. O le narraba una fábula: la de la lengua mordida por los dientes o, quizá, el cuento de la nieve. Quizá le describiera al viejo, con cara de zorro, al que él había seguido durante medio día porque no había visto hasta entonces algo tan feo. Durante esas conversaciones, iba poniendo una pincelada junto a otra, caía en el ensimismamiento y pintaba, con el máximo

52

cuidado, el más mínimo sombreado o el hilo más fino. La paleta era de madera de álamo. Las pinturas de ocre quemado para las sombras oscuras, de albayalde y amarillo sulfuroso para los colores carne. Leonardo pintaba todo con aceite de granos de mostaza y semilla de lino, quizá también con aceite de coco.

En el cuadro, como se podría pensar, Lisa no estaba sentada en el taller, sino en una terraza delante de un paisaje abierto. El cielo sobre ese paisaje era de un azul puro. En realidad, cuando la pintó Leonardo no todo el lienzo estaba tan enmohecido como hoy. Se ha ido adhiriendo polvo a él desde hace quinientos años. Las montañas, atrás del todo, eran casi tan azules como el cielo, pero ya grisáceas por las rocas y aun así tan poco pesadas como la rebosante espuma del mar. Las montañas más próximas estaban dibujadas con tiza roja. El vestido de Lisa, por el contrario, emitía negros destellos, no mate ni apagado, sino con pequeños puntos luminosos, que mostraban cada pliegue en el tejido. Todo el lienzo era de tal claridad y

LA SONRISA DEL POMELO

exactitud como hoy ya no se puede creer. Leonardo empleó infinito cuidado para que la superficie del cuadro quedara totalmente lisa y plana. Se podría haber dejado resbalar la yema de un huevo por encima; no se habría roto.

Lo más extraordinario era la cara de Lisa. Reinaba por encima de las montañas y sobresalía en el cielo por encima del horizonte. Hace casi quinientos años, sin el punto azul verdoso que hoy tiene, sino de color natural. La sangre fluía por sus mejillas y Leonardo puso brillo y humedad en sus ojos tal como él la vio en vida. Pintó la famosa sonrisa de *Mona Lisa* con muchos recuerdos (por lo menos, eso supone un científico, el psicoanalista Sigmund Freud, al que su familia llama hoy *grapefruit*, que significa 'pomelo'). Leonardo había mandado que sonara la música y que los cómicos hicieran sus bromas, Salai había leído en voz alta, Leonardo había contado historias para conseguir, una y otra vez, provocar esa sonrisa en los labios de Lisa. Y, según Sigmund Freud, éste fue el motivo: La sonrisa de Lisa le recordaba a Leonardo la de su madre y ésta, probablemente, ya llevaba entonces muchos años muerta.

5

El Nacimiento
del Pintor

Leonardo vino al mundo el 15 de abril de 1452, en una aldea cercana a la ciudad de Vinci. Vinci está situada a unos cuarenta kilómetros al oeste de Florencia y se encuentra rodeada de viñedos, olivos y cipreses. Su padre se llamaba Piero da Vinci y era notario. Su madre se llamaba Caterina y era campesina. Ambos no estaban casados. Todavía en el mismo año del nacimiento de Leonardo, Piero desposó a otra. Probablemente, Leonardo se quedara los primeros años con Caterina, pero pronto su padre se lo llevaría a vivir con él. Nadie sabe cuántas veces vería Leonardo a su madre a partir de ese momento. Cuando Piero se fue a vivir a

Desde Vinci a Florencia

Vinci en el s. XX

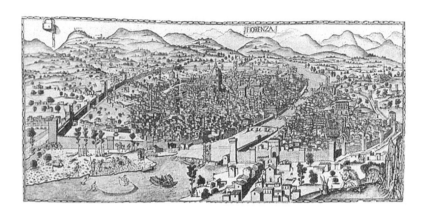

Florencia a finales del s. XV

Florencia, donde rápidamente se convirtió en un notario muy solicitado, Leonardo lo acompañó. Tenía aproximadamente diecisiete años. Realmente, en aquel tiempo, un hijo de notario podía ser cualquier cosa en Florencia: médico, por ejemplo, farmacéutico o juez. Pero como Leonardo era hijo natural, ni siquiera se le permitió estudiar en la Universidad. Por eso, se hizo pintor.

¿QUIÉN ES VERROCHIO?

En el mismo año en el que Lorenzo de Medici se hizo con el poder en Florencia, Leonardo comenzó su aprendizaje en el taller de Andrea de Verrochio. Y Verrochio no era simplemente uno cualquiera. Era proveedor personal de los Medici y ahora estaba haciendo el panteón para el padre de Lorenzo. Verrochio prefería ser escultor, pero también era pintor y orfebre. Cuando los clientes lo visitaban en el taller, podía hablar con ellos sobre filosofía, sobre música y sobre los poetas de la Antigüedad. Cada obra de arte que salía del taller de Verrochio era de una calidad excelente y sus alumnos eran de lo mejor. Ahora, Leonardo tenía que moler pintura, fundir metales y cargar con mármol. O cortar lienzos o amasar barro. De Verrochio aprendió, además, las reglas de la perspectiva, mucho sobre matemáticas, óptica y otras materias científicas, que a un artista moderno no le debían resultar desconocidas. Verrochio era un

Verrochio:
Grupo en bronce
del incrédulo
Tomás

excelente maestro y tenía una gran influencia sobre el joven Leonardo. La mayoría de sus esculturas están llenas de gracia y sus caras tienen, frecuentemente, rasgos finos y amables y, con frecuencia, el despegue de una sonrisa. Las caras en los primeros dibujos de Leonardo son

Caras de los primeros dibujos de Leonardo: Influido por Verrochio

también así. La sonrisa la guardaría Leonardo para la pintura hasta el final de su vida.

Pobre de aquel alumno que no supera a su maestro. En una ocasión, Piero da Vinci le trajo a su hijo un escudo de madera, que un campesino le había dado. Leonardo debería pintarlo y dejarlo bonito para ese hombre, pero como quiera que el escudo sirve para repeler al enemigo, Leonardo quería pintar algo que despertara temor. Buscó lagartos, grillos, serpientes, saltamontes, polillas y murciélagos y, en su habitación, les cortó a todos la cabeza. Quizá a los murciélagos también les cortara las alas y las patas a un lagarto. Se supone que descuartizaría cada animal en seis o siete trozos. Mejor no imaginarse semejante horror, tampoco el olor a putrefacción en la estancia. Leonardo haría un terrorífico monstruo de esa carnicería, que pintó con gran esmero en el escudo. Cuando Piero fue a recogerlo, Leonardo había oscurecido su habitación a excepción de un débil rayo de luz. Piero entró y su mirada cayó sobre el escudo apoyado en la pared. El terror se apoderó de él porque un monstruo repugnante, que echaba fuego por la boca, se abalanzaba sobre él. Eso exactamente fue lo que Piero vio. Leonardo se alegró del éxito de su pintura. Piero se llevó el escudo y lo vendió caro a un comerciante florentino.

Quizá Verrochio no llegó a saber nada de este episodio. Pero el trabajo que Leonardo realizaba en su taller, le impresionaba mucho. Por ejemplo, Verrochio había pintado un cuadro del *Bautismo* de Jesucristo, en el que

Verrochio y
Leonardo:
Bautismo de
Cristo

Leonardo todavía debía incluir un ángel. Era el ángel de la izquierda. Pero Leonardo no solamente pintó el ángel, sino también el paisaje de fondo y los párpados de Jesucristo y el agua donde se encuentra Jesucristo. Mejoró todavía un poco el trabajo de su maestro en otras partes del cuadro. Entonces Leonardo tenía veinte años. A partir de ahí, Verrochio no pintó ningún cuadro más. Cualquier mal maestro, probablemente habría puesto en la calle a Leonardo, por vanidad o por sentirse herido en su orgullo. Pero, en lugar de eso,

Verrochio convirtió a Leonardo en su principal ayudante y le transfirió el control de la sección de cuadros de su taller. Así él podría dedicarse tranquilamente a su trabajo de escultor.

La Anunciación, uno de los primeros cuadros de Leonardo

Leonardo se quedó con Verrochio más allá de su tiempo de aprendizaje. Posiblemente hasta que tuvo veintiséis años. En ese tiempo, hizo un tapiz para el rey de Portugal, pintó algunas de sus primeras obras maestras y desarrolló ideas que perfeccionaría más tarde. Inventó, por ejemplo, el *sfumato*.

La naturaleza es la maestra de los pintores. Desde el principio, Leonardo fue un observador e investigador meticuloso de la naturaleza. Estaba fascinado tanto por lo feo como por lo bello. Cuando veía un rostro feo en alguna parte, enseguida lo dibujaba. Aunque tam-

CABALLOS DE MADERA

61

bién dibujaba vacas y caballos y florestas y dragones y gatos y paisajes. Así que uno puede imaginarse cómo, un día cualquiera, estaría pintando, sentado en una colina, lejos de los muros de la ciudad de Florencia. El sol brillaba en lo alto del cielo. Hacía un día tan claro y luminoso que podía divisar a las palomas, que revoloteaban alrededor de la cúpula de la catedral. O estaría sentado en la colina y se formaba una tormenta. Entonces, apenas si vería algo. Pero él seguiría pintando y miraría tan lejos en el paisaje como pudiera. Así inventó el *sfumato*.

Un dragón
entre gatos

En aquel tiempo, casi todo el mundo dominaba ya la perspectiva. Se había puesto de moda cuarenta años antes, con Masaccio y Uccelo. Ahora formaba parte de la pintura como el lienzo y el color.

Batalla de San Romano, de Uccello

Todos sabían cómo se podía despertar la impresión de que un cuadro no era en absoluto liso, sino que tenía profundidad y lejanía, con una parte anterior y otra posterior. Leonardo, sin embargo, todavía no se daba por satisfecho con eso. Le parecía que las figuras, en todos aquellos cuadros, tenían un aspecto seco y rígido, como si no tuvieran nada que ver con el paisaje en el que se encontraban. Los caballos de Ucello, por ejemplo, daban la impresión de ser caballitos de madera, que uno quisiera sacarlos del cuadro y colocarlos encima de la mesa. Y las personas pintadas en sus cuadros tenían aspecto de copias perfectas de las personas; pero, eso, no verdaderas. Las de delante, en el cuadro, eran grandes y las de atrás muy pequeñas. Ése era un resultado de la perspectiva.

63

Ahora, Leonardo observaba que, en la naturaleza, las cosas con la distancia no sólo aparentemente se volvían más pequeñas, sino que también cambiaban sus colores. Y que ya no se delimitaban tan claramente como contempladas desde cerca. Adquirían contornos difuminados y, de alguna manera, abandonaban la forma y se entremezclaban lentamente.

Las palomas, por ejemplo, que revoloteaban alrededor de la catedral de Florencia, tenían más bien el aspecto de bollos voladores, porque ya no se podían reconocer sus cabezas, las plumas de los rabos ni sus alas. Y la cúpula de la catedral estaba totalmente borrosa y parecía como si bailara por encima de Florencia. Esto sucedía así porque el aire caliente ascendía de las calles de la ciudad. O si se formaba una tormenta, una cortina brumosa recubría todo el paisaje, los colores de los árboles y de los campos estaban borrosos. Y más lejos, parecía como si el cielo fluyera de las montañas y las volviera azules, acuosas, quitándoles toda dureza. De las montañas, se deslizaban sombras oscuras. Se posaban sobre partes de un río, de forma que naturaleza y río eran casi uno. De pronto, el agua parecía rocas y las rocas parecían aire. Todavía más lejos, fluía un arroyo, abriéndose paso, como una estrecha callejuela, entre otras rocas,

hacia su desembocadura o a la derecha, hacia el puente. Y bajo el puente, discurría otro río y éste fluía hacia la oscuridad, que era piedra o agua o sombras. De todo eso, hay algo en el cuadro de *Mona Lisa*. Pero ella no está colocada sencillamente en la parte anterior de este paisaje, sino que es como una parte del mismo. La cortina de bruma alcanza desde las montañas de muy atrás hasta sus cabellos y sus ropas. Ella es el comienzo del paisaje, lo mismo que el cielo, que asciende en el horizonte, es el final. Suaves sombras recorren su rostro y quitan cualquier asomo de dureza en los rasgos de Lisa, tanto de los ojos como de la boca. Y

desde la cara, la sombra se extiende sobre su cabello y el cabello fluye bajo el oscuro velo, a su vestido. Todo es fluido y en movimiento. Nada en el cuadro está tan duramente delimitado que parezca seco o rígido en sus firmes formas.

Eso es *sfumato*.

Por eso, Lisa está tan viva en el cuadro de Leonardo.

6
LA CORTE DE LOS SFORZA

En Milán ahora mandaba Ludovico Sforza.
Desde que unos conspiradores asesinaron al hermano
mayor de Ludovico, su hijo se había convertido en el
duque del país. Pero Gian Galeazzo sólo tenía entonces
ocho años de edad. Ludovico presintió su posibilidad.
Astutamente, alejó a la madre del chico y se convirtió
en su tutor. Así también él era regente de Milán.
Manipuló a Gian Galeazzo en su propio beneficio y lo
retuvo en cautiverio en el castillo de Pavía. Más tarde, lo
casaría con la nieta del rey de Nápoles para asegurar la
posición de Milán en Italia. Finalmente, parece ser que
le envenenó, aunque eso quizá sea un rumor. De todas

formas, a la muerte de Gian Galeazzo, el
título de duque recayó en Ludovico.
Ludovico Sforza era calculador, insidio-
so, astuto e inteligente. Su corte era la
más grandiosa en toda Europa y Milán la
ciudad más rica de Italia.
Ludovico vivía en el Castello Sforzesco,
la amplia fortaleza a las afueras de la ciudad. Con él, allí vivían sus parientes:
hijos y perros, mujer y queridas, pero
también sus funcionarios. Tenía a su alrededor a su tesorero y a camalengos, juris-
tas, doctores, trompetas y cetreros, ena-
nos, zapateros y barberos, sus astrólogos

El Castello
Sforzesco

y magos, un coro de Flandes y músicos de Alemania. En realidad, allí había todos aquellos que uno pudiera nombrar; seguro algunos cientos de personas. Tanto la corte como todo el ducado, estaban sometidos a Ludovico. Milán no era una república como Florencia: Solamente la palabra de Ludovico Sforza era ley.

En una ocasión, llegó un emisario de Lorenzo de Medici a la corte de Milán y entregó a Ludovico un laúd de plata como regalo. Tenía el aspecto de una cabeza de caballo y era un nuevo invento. Por aquellas fechas, tenía lugar una competición y el emisario tocó en último lugar. Superó a todos los demás músicos, sus sonidos eran más claros y más bellos que cualquier otro instrumento. Además, podía cantar mejor que los otros e inventó los mejores versos. Eso sucedía, probablemente, en el año 1482.

EL LAÚD DE PLATA

Leonardo:
Cuadro de un
músico

Ese emisario, que se ganó el favor de Ludovico Sforza, era Leonardo da Vinci y nadie más que él. Sucedía que Leonardo se había convertido en un excepcional músico e incluso compositor. En cierto modo, la música es la hermana pequeña de la pintura y el oído es, después de la vista, el sentido más importante. Leonardo ya había iniciado estudios musicales con Verrochio en Florencia. Golpeaba con un martillo sobre la mesa y observaba que, alrededor del martillo, se formaban

figuras simétricas en el polvo. Así conse-
guía hacer visibles las vibraciones.
Investigó el eco, el origen del sonido y
su desaparición. Impartió clases de
música y, más tarde, inventó instrumen-
tos como el violín mecánico, la campana
de cuatro voces y el tambor de manive-
la. Incluso hizo el esbozo para una gaita
de viento galopante con una pipa inglesa oscilante. Pero todo eso era sólo un disfraz. A
Ludovico Sforza, Leonardo le cayó inmediatamente
bien y lo acogió en su corte, donde inventaría máquinas para el teatro y diseñó decorados para toda clase
de fiestas y procesiones. En Milán, se celebraban
muchas fiestas y cada fiesta tenía mayor esplendor
que la anterior.

La gaita a caballo

Una *festa di gala* de las más espectaculares fue el «Baile de los Planetas». Ludovico lo celebró en enero de 1490, cuando casó a su débil sobrino, ya de veintiún años, con Isabel de Aragón, la nieta del rey de Nápoles. La totalidad de la Corte participó en los festejos y, bien seguro, también una docena de embajadores extranjeros. Ellos deberían informar a sus países de procedencia sobre el brillo, único, de Milán.

Las mujeres llevaban sus más valiosas joyas y suntuosos vestidos de brocado y terciopelo. Bordados de oro y plata brillaban al resplandor de las miles de antorchas y velas. El dulce aroma de selectos perfumes se esparcía por la impresionante sala.

En un podio, se encontraban sentados Ludovico y Gian Galeazzo con Isabel. Los duques de todo el mundo le rindieron honores con un desfile de máscaras. Seguidamente entraron a caballo jinetes turcos, que embelesaron a los invitados con la riqueza de sus orientales vestimentas.

Ludovico se sintió tan envidioso que, por un momento, abandonó la fiesta y dejó que lo vistieran con una dorada vestimenta turca, que superaba todas las demás. Se bailaron exóticas danzas y Piero da Sarano, el bufón de los Sforza, llevó a cabo las bromas más atrevidas.

Hacia la medianoche, se corrió una pesada cortina. Ludovico, Isabel, los embajadores, todos los donceles y todos los duques cayeron en una ruidosa admiración. Incluso Gian Galeazzo parece que sonrió otra vez. Ante todos los ojos, apareció el coro ducal sobre el escenario de la carpa celeste, construida por Leonardo. Uno de los invitados, el embajador de Ferrara, describió ese momento.

(Era) una especie de semihuevo, totalmente recubierto de oro por dentro, donde numerosas antorchas imitaban estrellas y con nichos, en los que los siete planetas, ordenados según su rango, brillaban detrás de un cristal. Al borde de ese semihuevo, se podían ver, iluminados por antorchas, los doce signos del zodiaco, que ofrecían un espectáculo maravilloso.

Todo giraba o parecía flotar en el cielo de la carpa celeste: los planetas, las Tres Gracias y las Siete Virtudes. Eran actores vestidos según las descripciones de antiguos poetas. Finalmente, los dioses romanos descendieron de aquel cielo y rindieron pleitesía a la pareja nupcial. Toda la Corte aplaudió y estalló en júbilo. Todavía años más tarde, se hablaba de ese espectáculo de Leonardo, quien, con sus osados inventos, podía poner en movimiento el cielo y la tierra.

Leonardo se quedó, en total, quince años en la Corte de los Sforza. En ese tiempo, él mismo vivió, a veces, como un noble. Ludovico puso a su disposición amplias estancias en el antiguo palacio de la familia ducal. Allí, Leonardo tenía sus propios criados. Mantenía caballos, a los que amaba especialmente, y otros animales. Más tarde, Ludovico le regaló incluso un viñedo.

GUERRA
Y PESTE

71

El tanque   Pero Leonardo no sólo diseñó decorados de escenarios en Milán. También era ingeniero militar de Ludovico e inventó para él máquinas de sitio, un cañón a vapor, una ametralladora y un tanque. Éste, sin embargo, no llegó a ser construido porque la guerra que Ludovico sostenía con Venecia terminaría pronto. Cuando se declaró la peste en Milán, Leonardo pensó cómo mejorar las condiciones higiénicas de la ciudad. Mientras Ludovico se decidía por no volver a comer ostras y, como precaución, se retiraba al campo, morían 50.000 personas en Milán. Eso fue en 1484 y 1485. Entonces los sepultureros subieron sus precios y, a veces, los cadáveres continuaban días enteros en las casas de los pobres.

Leonardo propuso construir un emplazamiento de la ciudad totalmente nuevo. Se había dado cuenta de que el trazado de las calles de Milán era demasiado estrecho. En algunos barrios apenas si llegaba la luz del sol, las sucias aguas putrefactas formaban gigantescos charcos. El nuevo Milán debería estar constituido por diez ciudades y en cada una de ellas solamente debería haber un determinado número de casas. En esas ciudades, las calles deberían ser anchas y diáfanas. Un sistema de esclusas y canales se encargaría de que el agua y la suciedad no se estancaran. Pero nadie se interesó por las ideas revolucionarias de Leonardo. Más tarde, la peste volvería a visitar Milán. De nuevo, trajo una muerte horrible y penosa a miles de personas.

Junto a todos esos inventos, Leonardo también hizo el diseño para la cúpula de la catedral de Milán. Supervisó la instalación de un sistema de calefacción y, posteriormente, pintó una bóveda en el Castello Sforzesco. Tenía tanto que hacer que tuvo que emplear a gente para ayudarle. Admitió alumnos en su taller. Uno de ellos se llamaba Giacomo, pero pronto Leonardo lo llamaría solamente Salai, esto es, «pequeño diablo».

EL PEQUEÑO DIABLO Y EL GRAN MONUMENTO

(Salai) llegó el día de Santa Magdalena, en 1490, a la edad de diez años, para vivir conmigo. Ladrón, mentiroso, testarudo, tragón. Al segundo día, mandé que le hicieran dos camisas, un par de zapatos, un jubón y cuando aparté el dinero para pagar las cosas encargadas, me lo robó de la hucha en forma de gata y jamás me fue posible conseguir que confesara, aunque yo tuviera la certeza de ello.

Pero no despidió a Salai. Y a pesar de que se comprobó que no podía servir como pintor, acompañó a Leonardo casi hasta el final de su vida. Se convirtió en su amigo, un amado amigo.

Leonardo:
Dibujo de Salai

Entonces Leonardo también trabajaba en la estatua
ecuestre del padre de Ludovico. Con ella, el primero de
los Sforza iba a ser honrado como los emperadores de
la antigua Roma. Leonardo recibió el encargo a los
pocos años de su llegada a Milán. Solamente el caballo
de Francesco Sforza debería medir siete metros de altura. No era posible realizar algo así de la noche a la
mañana. Y menos Leonardo. Primero tuvo que estu-

74

diar los movimientos de los caballos y hacer esbozos; después, investigó las distintas formas de fundir el bronce y diseñó un horno especial para fundirlo. Finalmente, hizo un modelo en arcilla del monumento, que fue admirado por todo el mundo y que hizo famoso a Leonardo más allá de las fronteras de Italia. Pero cuando quiso fundir el bronce para la estatua, después de diez años de trabajo, faltaba el bronce. Ludovico había cedido todo el bronce, que arduamente había ido consiguiendo, al duque de Ferrara, quien lo convirtió en cañones. La estatua ecuestre jamás fue terminada.

Uno de los bocetos de Leonardo para el monumento a caballo

75

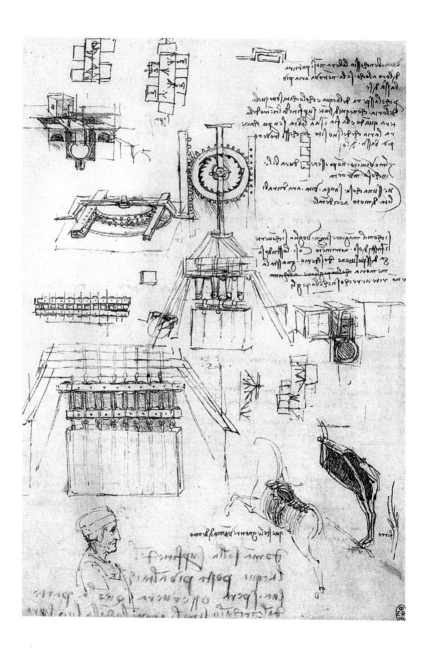

Leonardo pintó en Milán dos de sus más famosos cuadros: *La Virgen de las Rocas* y *La última cena*. A la entrada de la gruta, donde el niño Jesús bendice al pequeño Juan, crecen bergamotas y helechos. María

izqda.:
Cómo se hace un monumento
drcha.:
La Virgen de las Rocas, de Leonardo

La última cena, de Leonardo

había conducido a Juan hasta su hijo y el ángel, junto al pequeño Jesús, señala a los santos. Desde la parte posterior, se levanta niebla en la gruta. Y la cortina de niebla ya está delante de algunas de las rocas más alejadas, otras se destacan, todavía oscuras, de ella. Delante, por encima de la Virgen y los niños, sobresalen rocas de basalto, como la alta cúpula de una iglesia. El paisaje está desierto, como si jamás hubiera puesto nadie el pie en él con anterioridad, como si jamás la mano del hombre pudiera cambiarlo. El paisaje es extraño y maravilloso. ¿Qué sucedería si uno pudiera substraerse a las figuras en primer plano para acercarse cuidadosamente a las rocas? Se vería entonces la increíble cantidad de formas curiosas que ofrece la primorosa naturaleza. Quizá una de las rocas tendría el aspecto de un gigantesco guerrero, otra el de una tortuga. En la rocosa cúspide, se quebró la luz y las sombras se deslizan sobre la fría piedra, convirtiéndose, en la imaginación, en extraños animales de fábula. Sólo después de un rato, se conseguiría llegar al final de la gruta y uno sería rodeado por la niebla, fría y húmeda.

Quizá desde allí se podría ver el pequeño puente; entonces, uno olvidaría rápidamente la gruta. Ante uno, ahora se abriría un paisaje mucho más amplio que la gruta, tan agreste y tan maravilloso. Las mismas rocas se encontrarían en el horizonte, sólo que mucho más grandes. Entre ellas, transcurren infinidad de arterias de agua, como las arterias que se ramifican en el cuerpo humano. Y las rocas aparecerían como sostén de la Tierra, así como la persona tiene el esqueleto como andamio que lo sostiene; porque el ser humano es un mundo en pequeño.

Ese nombre, «El mundo en pequeño», es, ciertamente, muy acertado. Como quiera que la persona está formada de tierra, agua, aire y fuego, es semejante al cuerpo de la Tierra... Como el hombre lleva en sí el lago de la sangre, donde los pulmones, al respirar, aumentan y se reducen, así el cuerpo de la Tierra tiene su océano con las mareas, que, también para la respiración del mundo, crecen y decrecen cada seis horas...

Al cuerpo de la Tierra le faltan los tendones, que no están ahí porque sirven para el movimiento; pero como quiera que el mundo se encuentra en constante quietud y no sucede ningún movimiento, los tendones no son necesarios. Pero en todas las demás cosas son muy parecidos.

Así son las palabras de Leonardo. Para él, la persona era como un paisaje y el paisaje como una persona. Ambas pertenecen a un todo. El medio para mostrarlo era el *sfumato*. También en el retrato de *Mona Lisa*, ella se funde con el paisaje. La persona y el paisaje no pueden ser separados el uno del otro. Juntos, son una parte de un todo. Por eso, como pintor, él tenía que intentar comprender el mundo en su totalidad. El modelo del pintor era la naturaleza; la pintura, pues, debería reflejar en todas sus particularidades, la naturaleza y todo lo visible en el mundo.

Aquí se encuentra el primer motivo para la inmensa diversidad de los estudios de Leonardo. Para poder pintar un pájaro, primero él quería descubrir por qué puede volar un pájaro. Para poder pintar sombras, tenía que saber cómo se forman las sombras. In-

vestigó las zonas claras entre las sombras y la composición de la luz.

Antes de que pintara, como en la *Mona Lisa*, brumas o nieblas, estudió la evaporación del agua. Él no quería pintar nada que no hubiera comprendido en todos sus detalles.

Montañas, aire y luz: un estudio de Leonardo

7
EL HOMBRE UNIVERSAL

CLASES DE ANATOMÍA

Un día de 1489, alguien le trajo una cabeza a Leonardo. Probablemente estaría envuelta en un resistente paño o, quizá, dentro de una pequeña cesta y pesaría como una piedra. Leonardo había estado esperándola desde hacía tiempo. Es posible que la cabeza hubiera pertenecido a un viejo borracho, que se habría ahogado dentro de un tonel de vino en una taberna. Entonces estaría roja e hinchada y la nariz parecería una manzana podrida. O era la cabeza decapitada de un asesino. Ahora, sin embargo, pertenecía a Leonardo.

Ya durante su aprendizaje con Verrochio, Leonardo tuvo que estudiar detenidamente anatomía. Leyó libros científicos, en los que se describía el cuerpo humano. A veces, junto con Verrochio y otros alumnos, asistió a una clase privada de anatomía, en la que se abría un cadáver. Entonces también había clases de anatomía en la mayoría de las universidades italianas. Pero, eso sí, solamente en invierno.

En esas clases, algunos veían por primera vez una rótula, por ejemplo, o un apéndice. Hoy, probablemente, todo el mundo sabe el aspecto que tiene un corazón, pero entonces su contemplación provocaba estupefacción. Sucedía que en los escasos libros de anatomía solamente había descripciones y apenas reproducciones de los diferentes órganos.

El huesudo,
correoso San
Jerónimo

Escultores y pintores, como Verrochio y Leonardo, estaban interesados, sobre todo, en el examen del esqueleto, de los músculos y de los tendones. En definitiva, el ser humano era el tema central de su arte y cada una de sus representaciones debía parecer lo más natural posible. Por eso querían saber cómo transcurrían los músculos de un brazo o dónde se contraían los tendones en el cuello. O, por ejemplo, cómo están formados los nudillos de los dedos. Cuando después fundían un brazo en bronce para una escultura o pintaban el cuello de una figura en un cuadro, sabían perfectamente en qué parte del cuerpo se tensaría o se abombaría la piel y en cuál no. Por el contrario, no se interesaban por la vesícula o por el hígado. Porque, en definitiva, no se podía ver desde fuera que una persona poseyera algo así.

OJEPSE ED SOTIRCSE

Pero cuando Leonardo se hizo con la propiedad de esa cabeza, quería estudiar algo más que los músculos faciales. El 2 de abril de 1489 comenzó su tratado científico sobre Anatomía. Quería comenzar con la cabeza y dibujar y describir, uno tras otro y teniendo en cuenta las diferentes edades, la constitución del cuerpo humano. Investigó el cerebro y midió el cráneo. Comprobó, entre otras cosas, que la cavidad orbital tiene la misma profundidad que la fosa nasal y que corresponde a una tercera parte de la longitud de la cara. Esta clase de conocimientos iba mucho más allá de lo que él, como pintor, en realidad necesitaba. Pero estaba impulsado por la curiosidad y tenía la necesidad de ir al fondo de todo. Así se convirtió Leonardo en científico. Investigó el sistema sanguíneo y el curso del sistema nervioso, investigó el ojo y la posición del feto en el vientre de la madre. Se preguntó por qué vive un órgano y por qué muere. Comparó las piernas de las personas con las de los caballos y los brazos

Págs. 85-87:
Estudios anatómicos: cráneo, esqueleto, tráquea y pierna

84

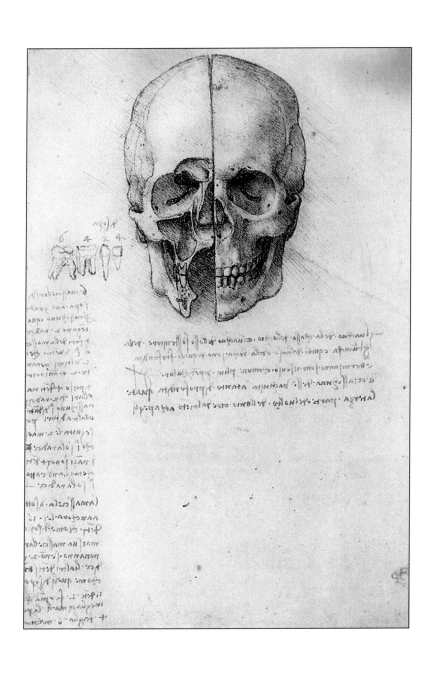

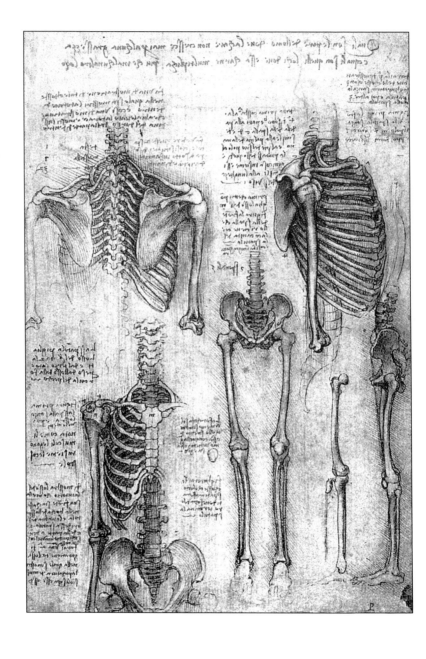

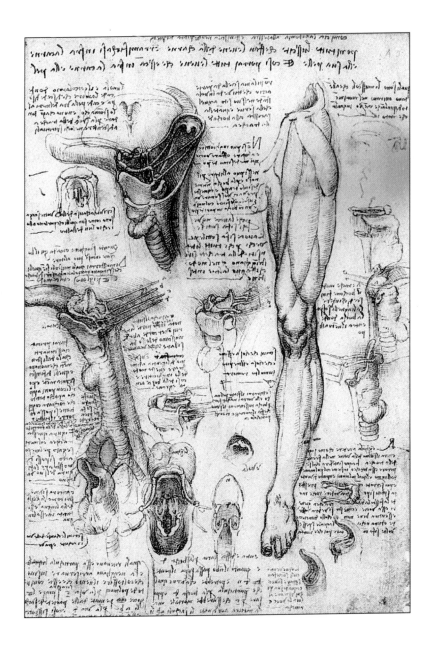

humanos con los brazos de los monos. Durante veintiséis años, Leonardo abrió los cuerpos de treinta cadáveres de personas, hasta que, en 1515, le fue prohibida por el Papa la entrada a las cámaras mortuorias. A partir de entonces, solamente estudiaría cuerpos de animales. Plasmó sus observaciones en detallados dibujos; hasta hoy, se conservan más de setecientos de ellos. Junto a los dibujos, escribió aclaraciones o ideas para más investigaciones. Pero eso era solamente accesorio, ya que el pintor hace incontables cosas que no pueden expresarse con palabras porque faltan las palabras adecuadas. Leonardo escribía de derecha a izquierda, en escritura de espejo. Sucedía que era zurdo y ese tipo de escritura le resultaba fácil por naturaleza.

izqda.: Corazón y pulmones de un buey

Pero nadie debe creer que Leonardo solamente se preocupaba tan concienzudamente de la Anatomía. A veces, cuando tenía visita, cogía un intestino de carnero limpio, que hinchaba con la ayuda de un soplillo hasta que se volvía suficientemente grande, fino y transparente, llenando finalmente la estancia y apretando a la visita contra la pared. Leonardo comparaba esa dilatación gigantesca con la capacidad y el ingenio humano, ya que el ingenio se extendería de forma parecida. Llevaba libros de anotaciones sobre arquitectura y escribía manuscritos sobre las leyes de la mecánica. Cuando en el invierno de 1499 abandonó Milán, después de ser conquistada por los franceses, se mar-

INTESTINO DE CARNERO

Leche de pájaro, anémona y pata de gallo

chó por un breve tiempo a Mantua, después a Venecia y más tarde regresó a Florencia. Comenzó el tratado sobre el vuelo de los pájaros e hizo dibujos y moldes de cera sobre flores y hierbas. Fue el comienzo de su tratado sobre la ciencia de las plantas. Describió las corrientes del aire y las del agua y supo, siendo uno de los primeros, que el agua en el fondo de un río fluye más lentamente que en la superficie. Cuando en 1502 entró, por unos pocos meses, al servicio de César Borgia, confeccionó mapas para él desde la perspectiva de un pájaro, mejoró las instalaciones de las fortificaciones y diseñó proyectos para secar zonas pantanosas.

Giorgione:
César Borgia

Cesar había asesinado a su propio hermano y también a su cuñado y quería erigir su propio reinado en Italia. Era un valiente estratega militar, pero sin conciencia y brutal. En una ocasión, dio la orden a uno de sus ministros de realizar un baño de sangre en la zona conquistada. Cuando éste hubo llevado a cabo la orden, César hizo que lo cortasen en dos trozos. Echó la culpa al ministro de la muerte de las personas y se presentó a sí mismo como el vengador.

Leonardo lo siguió a Urbino, donde César saqueó el palacio del duque y los dos se encontraban en Imola tres meses más tarde.

Allí Leonardo tomó medidas para la defensa de la ciudad, dibujó un mapa de la ciudad para el príncipe y desarrolló, a la vez, un nuevo instrumento para la confección de mapas. Así que fue a la vez cartógrafo y, más

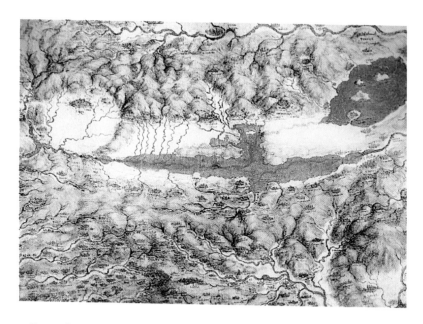

Leonardo: Mapa del valle de Chiana

tarde, uno de los primeros escaladores: Ascendió al Monte Rosa por encima de la zona de nieve, que se encontraba a casi tres mil metros de altura. Allí analizó los glaciares. Redactó tratados sobre la voz, sobre el caballo, sobre el deterioro de los edificios, sobre las estrellas y sobre la óptica, sobre la transformación de un cuerpo en otro (sin disminución o incremento de materia) y sobre el desarrollo del movimiento en cuerpos lanzados o disparados. Además, aprendió latín solo. Anotó, al margen de una página, reflexiones matemáticas: *eveum es on loS lE.* Esto quería decir que el Sol no gira alrededor de la Tierra. Por esa teoría, cien años más tarde, Galileo terminaría ante el Tribunal de la Inquisición. Leonardo era, además, un fantástico esgrimidor y atleta.

En realidad, Leonardo quería publicar algún día sus manuscritos y libros de noticias. Pero no llegó a hacerlo. Primero porque no tenía tiempo para ordenar las miles de hojas y publicarlas en libros separados. Pero, sobre todo, porque seguía ininterrumpidamente investigando y continuamente redactaba nuevos manuscritos. De la misma forma que no terminó alguno de sus cuadros, porque los quería perfeccionar, nunca se vio al final de su investigación científica.

También se dedicó más intensamente a la anatomía cuando pintaba la *Mona Lisa* en Florencia, a partir de 1503. El cráneo que él había investigado catorce

Manuscritos con
pala flotante

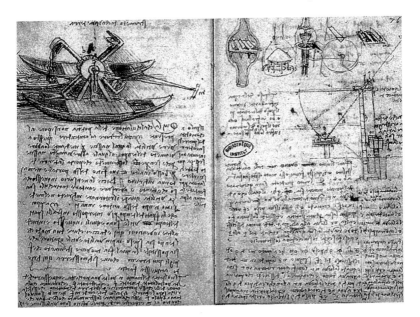

drcha:
Leonardo:
El hombre como
medida de todas
las cosas

años antes, milímetro a milímetro, posiblemente estaría hace tiempo enterrado en algun campo. Ahora visitaba a un viejo en el hospital de Santa Maria Nuova, que ya estaba muy débil y que no le quedaba mucho de vida. Quién sabe, quizá Leonardo le hablara de su trabajo en el retrato de la Lisa del Giocondo. O sobre sus proyectos para el gran mural sobre la Batalla de Anghiari, que había tenido lugar hacía más de sesenta años. Quizá el viejo todavía se acordara de ella. Leonardo estaba sentado en la cama del viejo, lo escuchaba y dibujaba las nudosas manos y la pequeña, cansada cara, que parecía feliz y exenta de temor.

Y ese viejo me dijo, pocas horas antes de su muerte, que tenía más de cien años y que no sentía ningún achaque, excepto debilidad; y así, sentado en su cama, en el hospital de Santa Maria Nuova de Florencia, se iba de la vida, sin más emoción o señal de algún acontecimiento. Le hice la autopsia para comprobar la causa de una muerte tan suave.

EL ÚLTIMO
SECRETO

Ciertamente, no había entonces ninguna otra persona que supiera tanto sobre el cuerpo humano como Leonardo. Conocía cada centímetro de hueso y cada fibra de carne. Y pronto se pondría como meta investigar, más allá del cuerpo, el último secreto de la vida: el alma humana. Sin embargo, a ésta no se la podía medir ni tampoco pesar y, finalmente, le dejaría la explicación a la Iglesia. Para Leonardo, experimentar era la madre

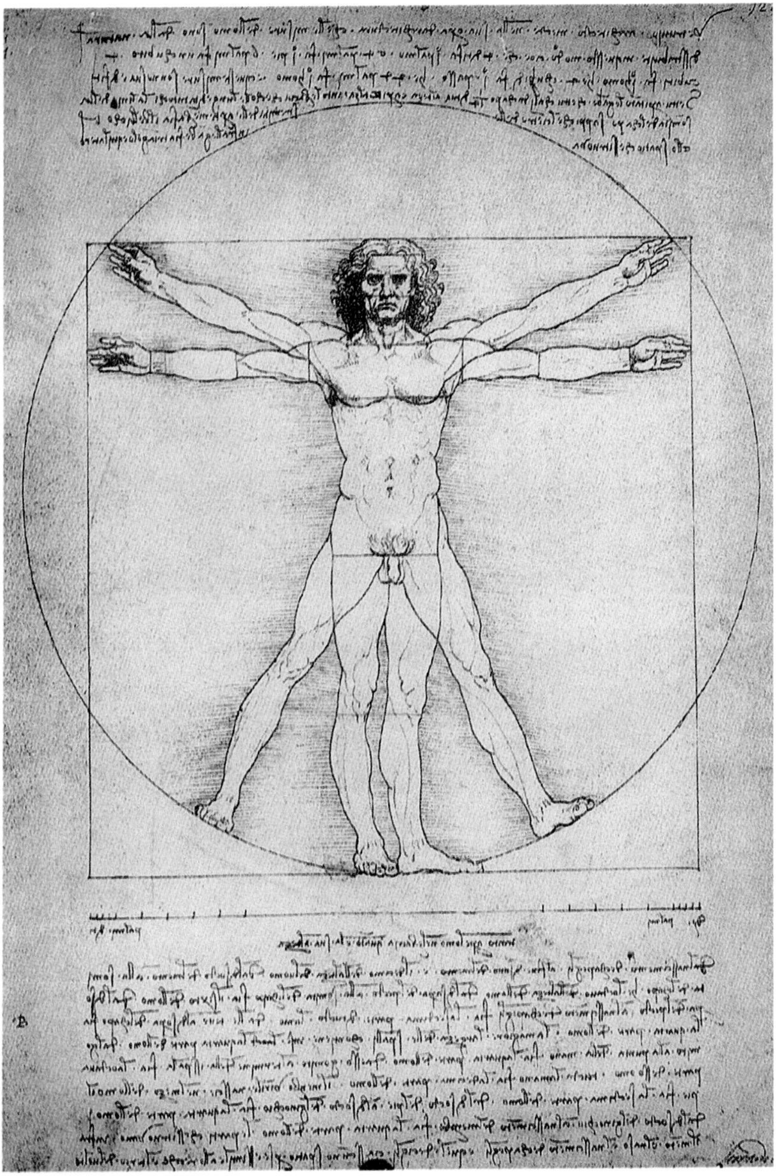

de la sabiduría, pero, al final, tuvo que admitir que él no podía descubrir todos los secretos. Como científico, solamente podía investigar el cuerpo del hombre, admirar la belleza de cada hueso, la actividad de cada órgano y llamar a la persona una obra de arte maravillosa. Pero, en sí, los troceados y horrorosos muertos ya no le podían contar nada más sobre el milagro de la vida. El alma solamente se encontraba en los vivos.

Y, naturalmente, Leonardo sabía esto desde hacía mucho tiempo cuando estaba pintando la *Mona Lisa*. Había superado los cincuenta años y pronto sería un viejo. Su padre murió en el verano de 1504 y hacía tiempo que había perdido de vista a su madre. Probablemente, hacía tiempo que también habría muerto. Había visto mucho: En Milán, habían muerto miles por la peste y César Borgia había sumido a media Italia en el horror y había derramado mucha sangre. Cierto, Leonardo era un famoso pintor, pero muchas de sus geniales ideas eran acogidas sarcásticamente por sus contemporáneos, muchos de sus geniales inventos no fueron construidos. Había trabajado para Ludovico Sforza durante diez años en el monumento del soldado a caballo. ¡Y después el duque cedió el bronce para cañones! Al final, el modelo en barro del caballo solamente sirvió como diana para los invasores franceses y, con las primeras lluvias, comenzó a derrumbarse.

Pero en Lisa del Giocondo, no había nada de destrucción ni decepción. Ella era de una gran belleza y el feliz motivo para el cuadro era el nacimiento de su hijo y la formación de un nuevo lugar de residencia. Aunque

Leonardo no pudiera incluir el alma humana en sus investigaciones anatómicas, en la belleza de Lisa y en su gracia, estaba presente para todos. Para Leonardo, el milagro de la vida se manifestaba en Lisa, en su esencia. El último secreto para el que ningún investigador sabía fórmulas ni recetas.

Y eso era lo que Leonardo quería pintar. Un buen pintor, a los ojos de Leonardo, tenía que pintar dos cosas principales: la persona y las aspiraciones de su alma. Por eso, a Leonardo no le gustaba pintar ningún retrato de perfil, porque es en los rasgos de la cara donde mejor se muestra la expresión del alma: en los ojos y en la boca. Ningún otro pintor había investigado jamás tan profundamente al hombre como Leonardo y, por eso, nadie mejor que él podía llevar a un lienzo la variedad de los sentimientos humanos. Alegría, por ejemplo, dolor o amor. Por eso, pintó a Lisa del Giocondo sin joyas: Las perlas y pulseras de oro habrían atraído la atención hacia ellas y la hubieran desviado del alma de Lisa, de su belleza, de la belleza de su alma y de su sonrisa.

Y la sonrisa de *Mona Lisa* no es una sonrisa que responda a un dolor, o a un saludo superficial. Aunque Leonardo había tomado esa expresión de las figuras de su maestro Verrochio. Y dejar que sonara la música para mantener a Lisa de buen humor durante el trabajo. Pero, en su cuadro, él le dio a la sonrisa otro significado: Es la expresión de ese insondable secreto, todo aquello que el ser humano solamente puede admirar, para lo que no hay ninguna aclaración. Ya no es solamente la sonrisa de Lisa del Giocondo, sino que esa aclaración se encuentra en los rasgos del mundo entero con los que ha sido mezclada Lisa en el cuadro de Leonardo.

8
La Conquista del Mundo

La pólvora fue utilizada en el Renacimiento y hacia el año 1445 fue inventada la imprenta por Johannes Gutenberg. Es difícil decir cuál fue de mayores consecuencias. De todas formas, la imprenta contribuyó a la extensión del conocimiento, que todavía en la Edad Media había sido acaparado por los monasterios. Pronto habría imprentas en Estrasburgo y en Colonia, en París y en Utrecht y, finalmente, en Milán, Florencia y Nápoles. Ahora, no solamente se enseñaba la Biblia o conocimientos transmitidos de generación en generación, como, por ejemplo, las obras de poetas y filósofos antiguos, sino que pronto aparecerían nuevos tratados sobre magia, gramática, cálculo y obras de autores contemporáneos. En el mismo año, se procedió a la instalación del primer observatorio astrológico y, a partir de 1500, funcionó el primer correo regular entre Viena y Bruselas. En 1510, en Nurenberg, Peter Henlein construyó el primer reloj de bolsillo. Las personas tenían curiosidad y ganas de saber. Querían averiguar más sobre el mundo que las personas de otros siglos anteriores. Cada vez más gente personificaba las palabras del humanista Pico della Mirandolla:

CRIATURA DIVINA

Te he puesto exactamente en el centro del mundo, dijo Dios al hombre, de forma que, desde esa posición, puedas mirar con

Grabado sobre tabla de Jost Amman: Una imprenta

gran facilidad lo que el mundo contiene. Te he hecho una criatura que no es ni del cielo ni de la tierra para que tú, ni mortal ni inmortal, sino libre y orgulloso constructor, le des la forma que prefieras. En tu poder está el descender a las inferiores, animales formas; tú estás, por tu propia decisión, en condiciones de ascender de nuevo a jerarquías superiores cuya vida es divina.

100

El Renacimiento fue la época de los grandes descubrimientos. Pocos años después de que Leonardo investigara en Milán el cráneo humano, Martin Behaim proyectó el globo terráqueo para los prohombres de Nurenberg (Alemania). El infante portugués Enrique el Navegante hacía tiempo que había explorado la costa occidental de Africa y, en 1488, Bartolomé Díaz navegó por primera vez alrededor del Cabo de Buena Esperanza. Ésa era la demostración de la posibilidad de abrir una ruta marítima directamente a la India. El primero en alcanzar la India en barco fue Vasco de Gama, también un portugués. En 1498, abrió una de las principales vías de comercio para los siglos venideros.

¿CÓMO SE LLEGA A LA INDIA?

Dibujo de la Tierra, según Martin Behaim

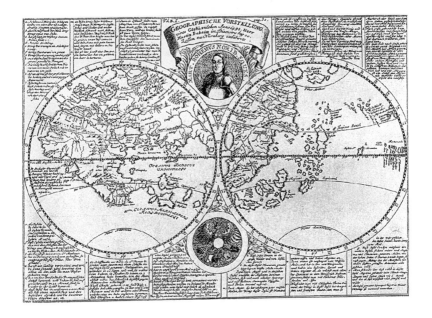

Retrato de la época: Cristóbal Colón

Ya en 1492, Cristóbal Colón había descubierto América. Pero fue una casualidad, ya que, en realidad, Colón quería ir a Asia atravesando, como había sido considerado posible en la Antigüedad, el Atlántico en dirección a Occidente. Salió, pues, de España con las carabelas y alcanzó, después de diez semanas de navegación, la isla de San Salvador, Cuba y

Haití, delante de la costa americana. Pero, naturalmente, él jamás había oído hablar de América. Y
cómo podía saber que todo un mundo se iba a inter-
poner en su camino. Por eso, Colón creyó que había
alcanzado su meta y que estaba en las Indias, así
que navegó de regreso a España para informar del
éxito de su viaje. Aquí fue festejado, recibió grandes
honores y el título de Virrey de las Indias. Colón
hizo otros tres viajes a América y descubrió, por
ejemplo, Jamaica, Trinidad y Honduras, pero siempre creyendo impertérrito que había alcanzado
Asia.

Colón era solamente medio año mayor que Leonardo.
Cuando murió en Valladolid, en 1506, Leonardo terminaba su trabajo en la *Mona Lisa* en Florencia.

Leonardo viviría aún trece años. En ese tiempo, tienen
lugar muchas de sus más importantes investigaciones
y algunos de sus más bellos dibujos, aunque solamente dos lienzos. A finales de mayo de 1506, regresó a
Milán, que ahora pertenecía al imperio del rey francés
Luis XII. Allí, Leonardo fue el adorno de la Corte.
Como artista de la Corte, organizó de nuevo fiestas de
gala, fue de nuevo ingeniero militar y consejero general. Pero el rey y su jefe militar también le dejaban
tiempo para su propio trabajo. Los años que siguieron
cuentan entre los más felices de su vida.

Pero entonces Luis XII provocó al Papa y Julio II arrojó
el anatema contra Francia.

EL ÚLTIMO
CUADRO

La Virgen y el
Niño con Santa
Ana

En octubre de 1511, el Papa se unió con Inglaterra, la
República de Venecia y España en la «Santa Alianza»
contra Francia. En diciembre, los mercenarios del Papa
se encontraban, por primera vez, delante de las puer-

Rafael: El papa
León X

tas de Milán. Medio año más tarde, se lucha en Rávena,
donde murieron ocho mil soldados y los franceses con-
siguieron la victoria. Pero, aun así, la conquista de
Milán no se podía impedir. En 1512, las tropas del Papa
con sus aliados entraban en Milán. Cuando el emperador Maximiliano entró a formar parte de la «Santa
Alianza», Luis XII se retiró de la disputada Italia.
Como otros muchos artistas, Leonardo ahora se mar-
chó a Roma. Le acompañó Salai y otros tres alumnos.

El grupo Laoconte,
hacia el 25 a. de c

Julio II había muerto poco después de la victoria sobre
Francia. El nuevo Papa se llamaba León X y era uno de
los hijos de Lorenzo de Medici. León no era un mecenas del arte menor que su padre e hizo que Leonardo
viviera en el Belvedere del Vaticano, en estancias pre-
paradas especialmente para él, no muy lejos de la
colección de esculturas del Papa, con el famoso Apolo
y la figura del luchador sacerdote Laoconte, que eran
estudiadas detenidamente por los mejores artistas de

Último cuadro de
Leonardo: Juan el
Bautista

Italia. Leonardo recibía su salario de Giuliano de
Medici, el hermano más joven del Papa, que vivía así
mismo en el Vaticano. Para él, redactó planes para secar
las ciénagas pontificias, inventó una máquina para acu-
ñar monedas. En Roma, haría sus últimas investigaciones anatómicas en una persona. También aquí, pintó su
último cuadro, *Juan, el Bautista.*
Leonardo tenía entonces más de sesenta años. Su rostro estaba marcado por profundas arrugas y la salud le

drcha.: El Juicio Final, de Miguel Ángel

Autorretrato, hacia 1513

abandonaba de vez en cuando. Aunque Giuliano intentaba conseguirle encargos del Papa, León X parecía desconfiar de Leonardo y daba preferencia a artistas más jóvenes: Su favorito era Rafael, que terminaba de cumplir treinta años, y Miguel Ángel, el

gran rival de Leonardo, era considerado, desde que pintó la Capilla Sixtina, como el mayor artista de su tiempo.

En el invierno de 1516, Leonardo le dio definitivamente la espalda a Roma y siguió la invitación de Francisco I de Francia. Hacía ya dos años que Luis XII había muerto y Francisco era su sucesor en el trono. Tenía veintidós años. El viaje a Francia conducía por encima de los Alpes y duraba tres meses. Leonardo se había llevado con él todas sus pertenencias: Varias cajas con manuscritos, dibujos y unos pocos cuadros. Le acompañó Salai y su alumno Francesco Melzi. El joven rey

Castillo de Cloux,
última residencia
de Leonardo

110

puso a disposición de Leonardo una amplia residencia
de campo en las cercanías de su propio palacio. Allí
vivió todavía casi tres años. En ese tiempo, el rey lo
visitaba cuantas veces podía. Más tarde diría que no
había existido ninguna otra persona que supiera tanto
como Leonardo.

En Cloux, Leonardo hizo los planos para un nuevo
palacio real y diseñó un sistema de canalizaciones,
ordenó sus manuscritos y dibujó representaciones de
gigantescos aguaceros e inundaciones. Organizó fiestas y construyó un león mecánico para Francisco.
Murió el 2 de mayo de 1519. Tenía sesenta y seis años.
En su legado, se encontraba también la *Mona Lisa*.
Leonardo no llegó jamás a entregar el cuadro.

Aguacero sobre
cataratas

111

TODAVÍA EL CUADRO
MÁS FAMOSO DEL MUNDO

La *Mona Lisa* era ya tan famosa en el Renacimiento que fue copiado con frecuencia. Ésta es la *Mona Lisa* más fea:

Mona Lisa: Copia del alumno de Leonardo Bernardino Luini

En nuestro siglo, algunos pintores no podían soportar la fama de este viejo cuadro, por lo que se mofaban de él en sus estudios.

Ésta es la *Mona Lisa* con barba:

Marcel Duchamp:
L.H.O.O.Q.

 Ésta es la *Mona Lisa* con el presidente americano George Washington:

Robert Arneson

Ésta la *Mona Lisa* con barriga. Además, casi no se ve nada del paisaje:

Mona Lisa, de
Fernando Botero

1452 Leonardo da Vinci nace el 15 de abril en Anchiano, una aldea cerca de Vinci.

1469 Se translada con su padre a Florencia. Tres años más tarde, Lonardo está incluido, como pintor, en la lista de asociación de Lukas. Tras su aprendizaje con Andrea del Verrochio (1436-1488) se queda en su taller algunos años, probablemente hasta 1478. En ese tiempo, pinta, entre otros, el retrato de Ginevra de Benci (Washington, National Gallery).

1479 Nace en Florencia Lisa Gherardini.

1482 Después de no recibir ningún encargo de los Medici en Florencia, se translada a Milán a la corte de Ludovico Sforza (1452-1508). Se convierte en ingeniero de Ludovico, desarrolla montajes escénicos y se dedica a la investigación científica.

1483 Leonardo comienza con el trabajo en *La Virgen de las Rocas* (París, Louvre). Aproximadamente por las mismas fechas, asume el trabajo del monumento ecuestre de Francesco Sforza, que se prolongará durante diez años.

1489 Leonardo realiza estudios de anatomía.

1490 Organiza el «Baile de los Planetas» en la corte de los Sforza. En Julio, acoge en su casa a Salai, que tiene diez años.

1492 Cristóbal Colón descubre América. En Florencia, muere Lorenzo de Medici.

1494 El rey francés Carlos VIII ocupa Nápoles. Los Medici son expulsados de Florencia. Savonarola asume el poder.

1495 Lisa Gherardini se casa con Francesco del Giocondo. En Milán, Leonardo comienza *La última cena* (Milán, Santa Maria delle Grazie).

1498 Savonarola es ejecutado públicamente y quemado.

1499 Cuando los franceses derrocan a Ludovico Sforza, Leonardo abandona Milán. Estancias en Mantua, Venecia y Florencia. Ahonda en estudios matemáticos, comienza el tratado sobre el vuelo de los pájaros.

1502 Leonardo se convierte en ingeniero militar para César Borgia. Durante los meses siguientes, inspeccionará fortalezas militares y hará mapas. En diciembre, Lisa del Giocondo trae al mundo a su segundo hijo.

1503 Leonardo está de nuevo en Florencia, donde comienza el retrato de Lisa del Giocondo y la *Batalla de Anghiari* para el gobierno de Florencia. Ambos trabajos se prolongarán a lo largo de varios años y terminarán siendo abandonados.

1506 Leonardo sigue la llamada del virrey francés a Milán. Allí será de nuevo ingeniero militar y organizará festejos. Por el medio, pasa estancias de varios meses en Florencia. Hace investigaciones sobre el agua.

1511 El Papa Julio II funda «La Santa Alianza» contra Francia, por lo que los franceses se van retirando de Italia.

1513 Leonardo se va a Roma y vive en el Palacio Belvedere.

1515 Leonardo pinta su último cuadro *Juan, el Bautista* (París, Louvre).

1517 Después de la muerte de su protector Giuliano de Medici, Leonardo se va a Francia y entra al servicio del rey francés Francisco I. Organiza fiestas y comienza a ordenar sus manuscritos.

1519 Leonardo muere el 2 de mayo en Cloux.

MATERIAL PICTÓRICO

P. 2, 97: Leonardo da Vinci: *Mona Lisa*, óleo sobre tabla, 77 cm x 53 cm, 1503-1506.

P. 5, 12, 20, 28, 49, 52, 53, 54, 64, 65, 79, 98, 112, 113, 114, 115, 127: Leonardo da Vinci: *Mona Lisa*, 1503-1506, detalles.

P. 6: Leonardo da Vinci: Autorretrato, hacia 1513.

P. 9: Artista anónimo: El Louvre, s. XVII

P. 13: Pier Antonio Pazzi: Vasari, 1752.

P 15: Baldassare Lanci: Calles de Florencia, a mediados del siglo XVI.

P. 16: Artista anónimo: Vida de la ciudad de Florencia, de una miniatura del s. XVII, detalle.

P. 17: Bartolommeo della Porta: Savonarola, s. XV.

P. 17: Artista desconocido: Quema de Savonarola, comienzos del s. XVI, detalle.

P. 18: Artista desconocido: Quema de Savonarola, comienzos del s. XVI.

P. 19: Michelangelo Buonarotti: David, 1501-1504.

P. 22: Domenico Ghirlandaio: El juramento de la orden, segunda mitad del s. XV, detalle.

P 23: Grabado partiendo de Giuseppe Zochi: la plaza de la Catedral durante la procesión del Corpus, 1744.

P. 24: Leonardo da Vinci: El girador de asados, hacia 1480.

P. 24: Domenico Ghirlandaio: Visitatio, segunda mitad del s. XV, detalle.

P. 25: Artista desconocido a partir de Leonardo da Vinci: Leonardo da Vinci hacia 1520.

P. 25: Leonardo da Vinci: Caricatura, hacia 1490.

P. 27: Leonardo da Vinci: Estudio sobre el vuelo de los pájaros, 1505.

P. 29: Artista desconocido: Cristoforo Landino en la disertación, 1492.

P. 30: Giovanni Pisano: Madonna, hacia 1299.

P. 31: Artista desconocido: El emperador Justiniano y su séquito. Mosaico de pared, Ravenna, San Vitale, s. VI.

P. 32: Donato Bramante: San Pietro, Roma, 1502.

P. 33: Artista desconocido: El Apolo de Belvedere, hacia el año 130.

P. 33: Reproducción sencilla: Francesco di Giorgio Martini: Estudio de proporciones para una columna, segunda mitad del s. XV.

P. 35: Jacopo da Pontormo: Cosimo de Medici, hacia 1518.

P. 37: Sandro Boticcelli: Nacimiento de Venus, hacia 1485.

P. 38: Domenico Ghirlandaio: Adoración del Niño por los pastores, 1485, detalle.

P. 39: Domenico Ghirlandaio: Retrato de viejo con niño, hacia 1480, detalle.

P. 41: Alesso Baldovinetti: Retrato de una mujer en amarillo, hacia 1465.

P. 42: Leonardo da Vinci: Ginebra de Benci, hacia 1474.

P. 43: Leonardo da Vinci: el taller del pintor, hacia 1500.

P. 45: Adoración de los Reyes, 1481/82.

P. 47: Baccio Baldini: El planeta Mercurio, hacia 1464/65.

P. 48: Baccio Baldini: Baccio Baldini: El planeta Mercurio, hacia 1464/65, detalle.

P. 50: Leonardo da Vinci: Tuerca de aire, hacia 1488.

P. 51: Paracaídas, hacia 1490.

P. 51: Artista desconocido a partir de Leonardo da Vinci: La batalla de Anghiari, antes de 1550.

P. 55: Vista de Vinci, fotografía, hacia 1940.

P. 56: Artista desconocido: Florencia hacia 1480.

P. 57: Lorenzo di Credi: Andrea del Verrochio, hacia 1485.

P. 57: Andrea del Verrochio: El incrédulo Tomás, hacia 1483.

P. 58: Andrea del Verrochio: David, detalle, hacia 1465.

P. 58: Leonardo da Vinci: Cabeza de perfil, hacia 1478, detalle.

P. 60: Andrea del Verrochio y Leonardo da Vinci. El Bautismo de Cristo, hacia 1470-1472/73.

P. 61: Leonardo da Vinci: La Anunciación, 1473-1475.

P. 62: Leonardo da Vinci: Caricatura, hacia 1490.

P. 62: Leonardo da Vinci: Estudios de gatos y dragones, hacia 1513/14.

P. 63: Paolo Uccello: La batalla de de San Romano, detalle, 1435/36.

P. 66: Maestro de Pala Sforzesca: Imagen del altar de Sforza, hacia 1495, detalle.

P. 67: El Castello Sforzesco, fotografía, hacia 1940.

P. 68: Leonardo da Vinci: Retrato de un músico, hacia 1490

P. 69: Leonardo da Vinci: Tambor mecánico, finales s. XV.

P. 69: Leonardo da Vinci: Gaita a caballo, finales s. XV.

P. 72: Leonardo da Vinci: Tanque cerrado, hacia 1485.

P. 74: Leonardo da Vinci: Joven de perfil (Salai), hacia 1510.

P. 75: Leonardo da Vinci: Estudio para el monumento ecuestre de Francesco Sforza, hacia 1488/89.

P. 76: Leonardo da Vinci: Estudio de la forma de fundición del monumento ecuestre de Francesco Sforza, hacia 1493.

P. 77: Leonardo da Vinci: La Virgen de las Rocas, 1483.

P. 78: Leonardo da Vinci: La última cena, 1495-1497.

P. 81: Leonardo da Vinci: Cadena montañosa, 1511.

P. 83: Leonardo da Vinci: El santo Jerónimo, hacia 1482.

P. 86: Leonardo da Vinci: Estudio anatómico del cráneo, 1489.

P. 86: Estudio anatómico sobre el sistema óseo, hacia 1510.

P. 87: Estudio anatómico de tráquea y pierna, hacia 1510.

P. 88: Leonardo da Vinci: Corazón y pulmones de un buey, hacia 1512/13.

P. 90: Leonardo da Vinci: Leche de pájaro, anémona pata de gallo, hacia 1505-1507.

P. 91: Giorgione: César Borgia, comienzos del s. XVI.

P. 92: Leonardo da Vinci: Mapa del Val di Chiana, hacia 1502.

P. 93: Leonardo da Vinci: Manuscritos con pala flotante, válvulas y bomba hidráulica, hacia 1513/14.

P. 95: El hombre, 1490.

P. 100: Jost Amman: Una imprenta,1568.

P. 101: Artista desconocido. Imagen geográfica de la Tierra a partir de Martin Behaim, sin fecha.

P. 102: Artista desconocido: Cristóbal Colón, comienzos del s. XVI.

P. 104: Leonardo da Vinci: La Virgen y el Niño con Santa Ana, hacia 1508-1510.

P. 105: Rafael: El Papa León X, hacia 1518.

P. 106: Talla de Hagesandro, Athenodoro, Polydoro: El grupo Laoconte, hacia el año 25 a. de C.

P. 107: Leonardo da Vinci: Juan, el Bautista, 1515.

P. 108: Leonardo da Vinci: Autorretrato, hacia 1513.

P. 109: Michelangello Buonarotti: El juicio final, 1534-1541.

P. 110: Castillo de Cloux, fotografía, hacia 1968.

P. 111: Leonardo da Vinci: Lluvia sobre cataratas, hacia 1516.

P. 112: Bernardino Luini: Copia de la *Mona Lisa*, s. XVI.

P. 113: Marcel Duchamp: L.H.O.O.Q., 1919.

P. 114: Robert Arneson: George and Mona in the Baths of Coloma, 1976.

P. 115: Fernando Botero: Mona Lisa, 1978.

P. 122: Leonardo da Vinci: Caricaturas, hacia 1490.

BIOGRAFÍA

Thomas David nació en Alemania, en 1967. Estudió Historia del Arte y Filología Inglesa en la Universidad de Hamburgo y en el University College de Londres. Trabaja como periodista para un programa de televisión y para el prestigioso diario *Neue Zürcher Zeitung*. Vive en Hamburgo.